LIVRE DE CUISINE CHINOIS
POUR FRITEUSE À AIR

LES RECETTES CHINOISES AVEC FRITEUSE À AIR
SONT BIEN PLUS FACILES
QUE DE MANGER AVEC DES BAGUETTES

ISABELLE AUDET

Livre de cuisine chinois pour friteuse à air

Les recettes chinoises avec friteuse à air sont bien plus faciles que de manger avec des baguettes

ISABELLE AUDET

Table des matières

Haricots verts à la chinoise pour friteuse à air 5

Sauce chinoise au brocoli pour friteuse à air 7

Air Fryer Brocoli Sauce Ail II 10

Ailes de poulet à la chinoise Air Fryer 13

Ailes de poulet à la chinoise Air Fryer 1 15

Ailes de poulet au poivre à la chinoise Air Fryer 17

Toast aux crevettes à la chinoise Air Fryer 19

Air Fryer Porc aigre-doux chinois 21

Cuisses de poulet à l'ail pour friteuse à air 23

Air Fryer Général Tso Poulet 25

Côtes levées à la chinoise Air Fryer 27

Air Fryer Mongolie Boeuf 28

Poulet aux arachides à la friteuse à air 30

Friteuse à air Reuben Egg Roll 32

Frites de cornichon à l'aneth frites à l'air avec chapelure ranch 34

Rouleaux de printemps au poulet 36

Recette de friteuse à air de riz BeeFried 39

Tortillas farcies au poulet | Blue Jean Chef - Meredith Laurence 41

Wontons au fromage à la crème 43

Riz Frit Au Poulet Friteuse Sans Gluten 45

Crevettes au miel et à l'ail Air Fryer 47

Pâtés impériaux à la chinoise Air Fryer 49

Rouleaux impériaux à la friteuse à air de style chinois II 52

Riz frit au poulet avec friteuse à air 54

Air Fryer Chinois Orange Tofu 56

Air Fryer BBQ Poulet Épicé 59

Recette facile de rouleaux d'œufs aux légumes avec friteuse à air 61

Friteuse Simple Air Fryer Char Siu Porc 64

Friteuse à air Copycat Buffet chinois Beignets à la cassonade 66

Chou-fleur du Général Tso 68

Poulet du Général Tso plus sain 70

Ailes de poulet frites à l'air avec sauce soja 72

- Air Fryer Poulet au sésame à la chinoise 74
- Pépites de poulet surgelées Air Fryer à la chinoise 77
- Poulet au sésame Air Fryer 79
- Côtelettes de porc chinoises au sel et au poivre 82
- Poulet à l'ail facile et délicieux 84
- Recette de poulet du général Tso à l'air friteuse 86
- Bols de poulet teriyaki pour friteuse à air 89
- Air Fryer Chinese Salt & Pepper Chicken Wings 2 91
- Poulet facile du Général Tso 93
- Friteuse à air Tater Tots 95
- Air Fryer Keto Côtes levées à la chinoise 2 97
- Poulet au sésame Air Fryer 99
- Poulet au miel et à l'ail Air Fryer 102
- Mesurer les équivalents 104
- Facteurs de conversion métrique 105

Haricots verts à la chinoise pour friteuse à air

Portions : 4

Temps total approx. : 18 minutes

Ingrédients

- 1 cuillère à soupe. huile de sésame
- 2 c. sauce soja faible en sodium
- 1 c. vinaigre de riz
- 1/4 c. poudre d'ail
- 1/4 c. poivre noir
- 1/4 c. flocons de piment rouge broyés
- 1 c. gingembre frais râpé
- 12 onces de haricots verts frais, extrémités coupées

les directions

Mélanger les 7 premiers ingrédients à l'aide d'un bol moyen. Ajouter les haricots verts et mélanger pour enrober. Laisser reposer 5 minutes.

Ajouter la moitié des haricots verts dans le panier Air-fryer. Air Fry à 390 pendant 8 minutes, en ouvrant et en secouant le panier Air-fryer à mi-parcours.

Répéter avec les haricots verts restants.

Information nutritionnelle

Portion : 1/4 d'une recette.	Quantité par portion	% Du quotidien Évaluer
	Calories : 97	5%
	Calories provenant des lipides: 33	5%
	Matières grasses totales : 4 g	6%
	Gras saturés : 1g	5%
	Cholestérol : 0mg	0%
	Sodium : 559 mg	23%
	Total Glucides : 15g	5%
	Fibre : 4g	16%
	Sucres roux : 3g	
	Protéines : 5 g	9%
	Vitamine A :	4%
	Vitamine C:	dix%
	Calcium:	4%
	Le fer:	sept%

Sauce chinoise au brocoli pour friteuse à air   Portions : 2

Temps total approx. : 1 8 heures

Ingrédients

1 couronne de brocoli entier
vaporisateur d'huile d'avocat
1/2 c. ail granulé
une pincée de sel au goût ou au goût
1/8 c. poivre ou au goût
1 cuillère à soupe. huile d'olive
6 gousses d'ail hachées
1 cuillère à soupe. gingembre, haché
3/4 tasse d'eau ou de bouillon
2/3 tasse d'aminos de noix de coco
1/3 tasse de vinaigre de vin de riz
1/8 tasse de cassonade de canne
2 cuillères à soupe. fécule de maïs
1 cuillère à soupe. huile de sésame
pincée de flocons de piment rouge épicé

les directions

Comment faire du brocoli Air Fryer

Lavez le brocoli et coupez ensuite les bouquets avec la tige attachée. Vous voulez des morceaux de la taille d'une bouchée qui sont bons pour tremper, presque comme des ailes.

Vaporisez ou versez un filet d'huile d'avocat sur le brocoli et assaisonnez ensuite avec l'ail, le sel et le poivre.

Ajouter le brocoli sur la grille supérieure du panier de la friteuse à air et de la friteuse à air suivante pendant 8 minutes à 375 F, en remuant une fois entre les deux. Si vous n'en avez qu'un, faites-le cuire tel quel, mais vous devrez peut-être augmenter ou diminuer le temps de cuisson, en fonction de la qualité de cuisson de la friteuse à air.

Une fois le brocoli cuit, retirez-le et ajoutez-le dans un plat de service, servez comme vous le souhaitez.

Comment faire de la sauce chinoise à l'ail

Faire sauter l'ail et le gingembre avec l'huile d'olive pendant 15 à 30 secondes.

Ajouter l'eau ou le bouillon, la noix de coco aminée, le vinaigre de riz, la cassonade et l'huile de sésame. Chauffer en continu jusqu'à ébullition, puis réduire le feu à moyen-doux.

Mélangez 1/8 tasse du mélange avec de la fécule de maïs et versez-le ensuite dans la sauce.

Cuire la sauce avec le mélange de fécule de maïs, en remuant souvent continuellement jusqu'à ce que la sauce épaississe. Une fois épaissi, il est servi chaud.

Laisser refroidir la sauce avant de réfrigérer.

Information nutritionnelle

Portion : 1/2 d'une recette.	Quantité par portion	% Du quotidien Évaluer
	Calories : 397	20%
	Calories provenant des lipides: 240	36%
	Matières grasses totales : 27 g	42%
	Lipides saturés : 15 g	75%
	Cholestérol : 0mg	0%
	Sodium : 427mg	18%
	Total Glucides : 39g	13%
	Fibre : 3g	12%
	Sucres roux : 26g	
	Protéines : 3 g	5%
	Vitamine A :	0%
	Vitamine C:	0%
	Calcium:	1%
	Le fer:	0%

Air Fryer Brocoli Sauce Ail II

Portions : 2

Temps total approx. : 1 8 heures

Ingrédients

1 couronne de brocoli entier
vaporisateur d'huile d'avocat
1/2 c. ail granulé
une pincée de sel au goût ou au goût
1/8 c. poivre ou au goût
1 cuillère à soupe. huile d'olive
6 gousses d'ail hachées
1 cuillère à soupe. gingembre, haché
3/4 tasse d'eau ou de bouillon
2/3 tasse d'aminos de noix de coco
1/3 tasse de vinaigre de vin de riz
1/8 tasse de cassonade de canne
2 cuillères à soupe. fécule de maïs
1 cuillère à soupe. huile de sésame
pincée de flocons de piment rouge épicé

les directions

Lavez le brocoli et coupez ensuite les bouquets avec la tige attachée. Vous voulez des morceaux de la taille d'une bouchée qui sont bons pour tremper, presque comme des ailes.

Vaporisez ou versez un filet d'huile d'avocat sur le brocoli et assaisonnez ensuite avec l'ail, le sel et le poivre.

Ajouter le brocoli sur la grille supérieure du panier de la friteuse à air et de la friteuse à air suivante pendant 8 minutes à 375 F, en remuant une fois entre les deux. Avec l'Air Fryer qui adeux niveaux. Si vous n'en avez qu'un, faites-le cuire tel quel, mais vous devrez peut-être augmenter ou diminuer le temps de cuisson, en fonction de la qualité de cuisson de la friteuse à air.

Une fois le brocoli cuit, retirez-le et ajoutez-le dans un plat de service, servez comme vous le souhaitez.

Faire revenir l'ail et le gingembre avec l'huile d'olive jusqu'à 15 à 30 secondes.

Ajouter l'eau ou le bouillon, les aminos de noix de coco, le vinaigre de riz, la cassonade et l'huile de sésame. Chauffer en continu jusqu'à ébullition, puis réduire le feu à moyen-doux.

Mélangez 1/8 tasse du mélange avec de la fécule de maïs et versez-le ensuite dans la sauce.

Cuire la sauce avec le mélange de fécule de maïs, en remuant souvent continuellement jusqu'à ce que la sauce épaississe. Une fois épaissi, il est servi chaud.

Laisser refroidir la sauce avant.

Information nutritionnelle

Portion : 1/2 d'une recette.	Quantité par portion	% Du quotidien Évaluer
	Calories : 397	20%
	Calories provenant des lipides: 240	36%
	Matières grasses totales : 27 g	42%
	Lipides saturés : 15 g	75%
	Cholestérol : 0mg	0%
	Sodium : 427mg	18%
	Total Glucides : 39g	13%
	Fibre : 3g	12%
	Sucres roux : 26g	
	Protéines : 3 g	5%
	Vitamine A :	0%
	Vitamine C:	0%
	Calcium:	1%
	Le fer:	0%

Ailes de poulet à la chinoise Air Fryer

Portions : 4

Temps total approx. : 26 min Temps de cuisson : 22M

Rendement : 4

Temps total : 26 M

Ingrédients

- moule à gâteau pour friteuse à air
- 6 ailes de poulet moyennes
- 2 c. huile d'olive
- 2 c. purée d'ail
- 2 cuillères à soupe. Miel
- 1 cuillère à soupe. sauce soja
- 1 cuillère à soupe. 5 épices chinoises
- poivre noir

les directions

Ajouter tous les ingrédients sauf les ailes de poulet dans un bol à mélanger et bien mélanger avec une fourchette ou une cuillère. Ajouter les ailes de poulet et mélanger continuellement avec les mains jusqu'à ce que les ailes de poulet soient enrobées de leur marinade de poulet chinois.

Ajouter les ailes de poulet attendre une heure ajouter les ailes de poulet dans un moule à gâteau et ajouter dans la friteuse à air.

Temps de cuisson fixé à 22 minutes à 180c.

Servir chaud.

Information nutritionnelle

Portion : 1/4 d'une recette.	Montant par Portion	% Du quotidien Évaluer
	Calories : 54	3%
	Calories provenant des lipides: 20	3%
	Matières grasses totales : 2 g	3%
	Lipides saturés : 0 g	0%
	Cholestérol : 0mg	0%
	Sodium : 135mg	6%
	Total Glucides : 9g	3%
	Fibre : 0g	0%
	Sucres roux : 9g	
	Protéine : 1 g	2%
	Vitamine A :	0%
	Vitamine C:	0%
	Calcium:	0%
	Le fer:	0%

Ailes de poulet à la chinoise Air Fryer 1

Portions : 4

Temps total approx. : 26 min Temps de cuisson : 22M

Rendement : 4

Temps total : 26 M

Ingrédients

- friteuse à air
- moule à gâteau pour friteuse à air
- 6 ailes de poulet moyennes
- 2 c. huile d'olive
- 2 c. purée d'ail
- 2 cuillères à soupe. Miel
- 1 cuillère à soupe. sauce soja
- 1 cuillère à soupe. 5 épices chinoises
- poivre noir

les directions

Ajouter tous les ingrédients sauf les ailes de poulet dans un bol à mélanger et bien mélanger avec une fourchette ou une cuillère. Ajouter les ailes de poulet et mélanger continuellement avec les mains jusqu'à ce que les ailes de poulet soient enrobées de leur marinade.

Ajouter les ailes de poulet au réfrigérateur pendant une heure pour bien mariner.

Attendez une heure, ajoutez les ailes de poulet dans un moule à gâteau et ajoutez-les dans la friteuse à air.

Temps de cuisson réglé sur 22 minutes à 180c/360f.

Servir chaud.

Information nutritionnelle

Portion : 1/4 d'une recette.	Montant par Portion	% Du quotidien Évaluer
	Calories : 54	3%
	Calories provenant des lipides: 20	3%
	Matières grasses totales : 2 g	3%
	Lipides saturés : 0 g	0%
	Cholestérol : 0mg	0%
	Sodium : 135mg	6%
	Total Glucides : 9g	3%
	Fibre : 0g	0%
	Sucres roux : 9g	
	Protéine : 1 g	2%
	Vitamine A :	0%
	Vitamine C:	0%
	Calcium:	0%
	Le fer:	0%

Ailes de poulet au poivre à la chinoise Air Fryer

Portions : 5

Temps total approx. : 50 minutes

Ingrédients

- 14 à 20 morceaux d'ailes de poulet
- 1 blanc d'oeuf
- 1/2 c. sel
- 1/4 c. poivre noir fraîchement
- 3/4 tasse de fécule de pomme de terre
- 1 brumisateur d'huile
- 2 tiges de piment jalapeño retirées
- 2 oignons verts échalotes parés
- 2 cuillères à soupe. huiles de canola ou d'arachide
- 1 c. sel
- 1/4 c. poivre noir fraîchement
- friteuse de poulet en fonte

les directions

Enduisez le panier de la friteuse d'une fine couche d'huile. Voir mon article sur Comment préparer et assaisonner le panier de la friteuse à air.

À l'aide d'un bol moyen, mélanger le blanc d'œuf, le sel et le poivre en continu jusqu'à consistance mousseuse. Assécher les ailes de poulet et les ajouter au mélange de blancs d'œufs. Bien enrober. Mariner jusqu'à 20 minutes.

Déplacez les ailes de poulet dans un grand bol et ajoutez la fécule de pomme de terre. Draguez soigneusement les ailes à travers la fécule de pomme de terre. Secouez les ailes et ajoutez-les dans le panier de la friteuse à air. Vaporisez légèrement les ailes avec de l'huile.

Cuire avec 380 pendant 25 minutes, en secouant le panier Air-fryer toutes les 5 minutes. Cuire 5 minutes supplémentaires à 400 F, ou en continu jusqu'à ce que les ailes de poulet soient belles et dorées.

Sauté

Trancher les jalapeños en fines tranches et retirer les graines. Hacher les oignons verts. Ajouter dans un bol et réserver.

Chauffez le wok ou la poêle en continu jusqu'à ce qu'ils soient très chauds. Ajouter l'huile, les piments jalapeño, les oignons verts, le sel et le poivre et faire sauter jusqu'à une minute. Ajouter les ailes de poulet frites à l'air dans le wok ou la poêle et mélanger avec les jalapeños et les oignons verts pour bien les enrober. Faire sauter encore une minute.

Information nutritionnelle

Portion : 1/5 d'une recette.	Montant par Portion	% Du quotidien Évaluer
	Calories : 404	20%
	Calories provenant des lipides: 72	11%
	Matières grasses totales : 8 g	12%
	Gras saturés : 1g	5%
	Cholestérol : 195mg	65%
	Sodium : 945mg	39%
	Total Glucides : 3g	1%
	Fibre : 0g	0%
	~~Sucres roux : 0g~~	
	Protéines : 100 g	182%
	Vitamine A :	0%
	Vitamine C:	8%
	Calcium:	0%
	Le fer:	13%

Toast aux crevettes à la chinoise Air Fryer

Portions : 24

Temps total approx. : 19 minutes

Ingrédients

8 onces de crevettes décortiquées/déveinées
4 6 tranches 4 à 6 pain de mie blanc
1 œuf large
1 cuillère à soupe. Mayonnaise
1 cuillère à soupe. persil plat frais
2 c. fécule de pomme de terre
1 c. racine de gingembre frais épluchée
1/2 c. sauce soja
1/4 c. sauce de poisson de première qualité
1/4 c. huile de sésame pure
brumisateur d'huile
huile de canola

les directions

Vaporisez généreusement un côté du pain blanc avec de l'huile de canola et ajoutez-le dans le panier de la friteuse à air, côté huilé vers le haut. Griller à 370 pendant 2 minutes.

Pendant que le pain grille, ajouter le reste des ingrédients, mais les graines de sésame dans le bol du robot culinaire et mélanger en continu jusqu'à ce qu'il forme une pâte.

Retirez le pain de la friteuse à air et retournez-le, de sorte que le côté huilé soit orienté vers le bas. Étalez la pâte de crevettes en douceur sur chaque tranche, jusqu'aux bords.

Ajouter les graines de sésame sur une assiette plate et presser le pain, côté crevettes vers le bas dans les graines de sésame.

coupez chaque morceau de pain en quatre triangles ou bâtonnets et ajoutez-les dans le panier graissé de la friteuse à air, côté pâte de crevettes vers le haut. Vaporiser généreusement la pâte de crevettes avec de l'huile.

Cuire à 330 pendant 4 à 5 minutes, ou en continu jusqu'à ce que le pain ne soit plus mou et que les crevettes deviennent roses.

Information nutritionnelle

Portion : 1/24 d'une recette.	Montant par Portion	% Du quotidien Évaluer
	Calories : 26	1%
	Calories provenant des lipides : 8	1%
	Matières grasses totales : 1 g	2%
	Lipides saturés : 0 g	0%
	Cholestérol : 22mg	sept%
	Sodium : 109 mg	5%
	Total Glucides : 3g	1%
	Fibre : 0g	0%
	Sucres roux : 0g	
	Protéines : 2 g	4%
	Vitamine A :	0%
	Vitamine C:	0%
	Calcium:	1%
	Le fer:	1%

Air Fryer Porc aigre-doux chinois

Portions : 4

Temps total approx. : 27 minutes

Ingrédients

- 2 livres de porc coupé en morceaux
- 2 gros œufs
- 8 fl oz de fécule de pomme de terre ou de fécule de maïs
- 1/2 c. sel
- 1/4 c. poivre noir fraîchement
- 1/16 c. cinq épices chinois
- 3 c. huile de canola
- brumisateur d'huile
- 1 recette simple de sauce aigre-douce

les directions

Dans un bol à mélanger, mélanger la fécule de pomme de terre, le sel, le poivre et le Five Spice chinois.

Dans un autre saladier, battez les œufs et ajoutez l'huile de sésame.

Tremper les morceaux de porc dans la fécule de pomme de terre et secouer tout excès. Trempez rapidement chaque morceau dans le mélange d'œufs, secouez l'excédent et remettez ensuite dans le mélange de fécule de pomme de terre.

Enduisez le panier de la friteuse à air d'huile. Ajouter les morceaux de porc dans le panier et vaporiser d'huile.

Cuire avec 340 pendant environ 8 à 12 minutes, en secouant le panier Air-fryer plusieurs fois.

Servir avec ma recette simple de sauce aigre-douce.

Information nutritionnelle

Portion : 1/4 d'une recette.	Montant par Portion	% Du quotidien Évaluer
	Calories : 158	8%
	Calories provenant des lipides: 121	18%
	Matières grasses totales : 14 g	22%
	Lipides saturés : 2 g	dix%
	Cholestérol : 108mg	36%
	Sodium : 329 mg	14%
	Total Glucides : 5g	2%
	Fibre : 0g	0%
	Sucres roux : 0g	
	Protéines : 4 g	sept%
	Vitamine A :	3%
	Vitamine C:	4%
	Calcium:	1%
	Le fer:	3%

Cuisses de poulet à l'ail pour friteuse à air

Portions : 4

Temps total approx. : 40 minutes

Ingrédients

- 2 kg de cuisses de poulet
- 2 cuillères à soupe. pâte ail-gingembre
- 1 c. sel
- 1 c. assaisonnement en poudre
- 2 cuillères à soupe. huile d'olive
- 1 c. poudre de paprika
- 1 c. poivre noir
- 1 et 1/2 c. poudre d'oignon
- 1 c. poivre de Cayenne
- 1 c. assaisonnement italien
- aérosol de cuisson

les directions

Préchauffez 200°C pendant quelques minutes et vaporisez le plateau de la friteuse à air avec un aérosol de cuisson.

Ajouter les cuisses de poulet à l'aide d'un grand bol avec l'huile. Mélanger pour bien enrober.

Ajouter la pâte ail-gingembre et le mélange d'épices dans le bol. Mélanger les cuisses avec la marinade en continu jusqu'à ce qu'elles soient enrobées.

Disposez les cuisses de poulet en une seule couche dans le plateau de la friteuse à air.

Faites frire à l'air pendant 15 minutes, ouvrez et retournez les cuisses et faites frire à nouveau pendant 105 minutes en continu jusqu'à ce qu'elles soient dorées.

Reposez les cuisses de poulet à l'ail frites à l'air pendant 5 minutes avant de servir.

Information nutritionnelle

Portion : 1/4 d'une recette.	Montant par Portion	% Du quotidien Évaluer
	Calories : 1125	56%
	Calories provenant des lipides: 721	108%
	Matières grasses totales : 82 g	126%
	Lipides saturés : 23 g	115%
	Cholestérol : 419mg	140%
	Sodium : 964 mg	40%
	Total Glucides : 2g	1%
	Fibre : 0g	0%
	Sucres roux : 0g	
	Protéines : 0g	0%
	Vitamine A :	28%
	Vitamine C:	0%
	Calcium:	9%
	Le fer:	28%

Air Fryer General Tso Poulet

Portions : 4

Temps total approx. : 12 minutes

Ingrédients

2 lb de poitrines de poulet désossées et sans peau coupées en 1 à morceaux de 2 pouces
8 oz de sauce général tso
4 oz de fécule de maïs
4 oz de farine
sel et poivre au goût
2 oeufs brouillés
2 onces d'oignon vert
2 oz d'amandes râpées

les directions

Couper le poulet en petits morceaux, entre 1 et 2 pouces.

Préparez trois bols. Une avec de la fécule de maïs, une avec des œufs et une avec de la farine.

Tremper le poulet dans la fécule de maïs, puis l'œuf puis la farine.

Cuire dans la friteuse à air pendant environ 6 minutes ou en continu jusqu'à ce que le poulet commence à devenir croustillant à l'extérieur.

Lorsque cela se produit, sortez le poulet de la friteuse à air et mélangez-le avec la sauce dans un bol de taille moyenne.

Poursuivre la cuisson de 2 à 4 minutes ou en continu jusqu'à ce que le poulet soit très croustillant à l'extérieur.

Servir sur du riz blanc et garnir d'oignons verts et d'amandes.

Information nutritionnelle

Portion : 1/4 d'une recette.	Quantité par portion	% Du quotidien Évaluer
	Calories : 150	8%
	Calories provenant des lipides: 60	9%
	Matières grasses totales : 7 g	11%
	Gras saturés : 1g	5%
	Cholestérol : 108mg	36%
	Sodium : 123mg	5%
	Total Glucides : 16g	5%
	Fibre : 2g	8%
	Sucres roux : 2g	
	Protéines : 5 g	9%
	Vitamine A :	3%
	Vitamine C:	2%
	Calcium:	3%
	Le fer:	8%

Côtes levées à la chinoise Air Fryer

Portions : 4

Temps total approx. : 50 minutes

Ingrédients

- 1 cuillère à soupe. huile de sésame
- 1 c. ail émincé
- 1 c. gingembre, haché
- 1 cuillère à soupe. pâte de haricots noirs fermentés
- 1 cuillère à soupe. du vin Shaoxing
- 1 cuillère à soupe. sauce soja
- 1 cuillère à soupe. nectar d'agave ou miel
- 250 g de côtes levées coupées en petits morceaux

les directions

Dans un grand bol à mélanger, mélanger tous les ingrédients de la marinade.

Ajouter les côtes levées et bien mélanger. Laissez les côtes mariner jusqu'à 30 minutes ou jusqu'à 4 heures.

Lorsque vous êtes prêt à faire cuire les côtes, retirez les côtes de la marinade et ajoutez-les dans le panier de la friteuse à air.

Réglez la friteuse à air à 375 pendant 8 minutes.

Vérifiez que les côtes ont une température de 165F avant de servir.

Air Fryer Mongolie Boeuf

Portions : 5

Temps total approx.: 20M   Temps de cuisson : 20M
Rendement : 4

Ingrédients

Viande
1 livre de bifteck de flanc
2 oz de fécule de maïs
sauce
2 c. huile végétale
1/2 c. Gingembre
1 cuillère à soupe d'ail, haché
4 oz de sauce soja
4 oz d'eau
3/4 tasse de cassonade tassée
Suppléments
riz cuit
haricots verts
oignons verts

les directions

Coupez finement le steak en longs morceaux, puis enduisez-le de fécule de maïs.

Ajouter la friteuse à air et cuire à 390 pendant 5 minutes de chaque côté. Commencez par 5 minutes et ajoutez plus de temps. Je fais cuire cela pendant 10 minutes de chaque côté; cependant, d'autres ont suggéré que c'était trop long pour eux.

Pour les cuisiniers de bifteck, réchauffez tous les ingrédients de la sauce dans une casserole de taille moyenne à feu moyen-vif.

Fouetter les ingrédients ensemble en continu jusqu'à ce qu'il atteigne une faible ébullition.

Une fois que le steak et la sauce sont cuits, ajoutez le steak dans un bol avec la sauce et laissez-le tremper pendant 5 à 10 minutes.

Au moment de servir chaud, avec des pinces pour retirer le steak et laisser égoutter l'excédent de sauce.

Ajouter le steak sur du riz cuit et des haricots verts, garnir de sauce supplémentaire si vous préférez.

Information nutritionnelle

Portion : 1/5 d'une recette.	Quantité par portion	% Du quotidien Évaluer
	Calories : 166	8%
	Calories provenant des lipides: 17	3%
	Matières grasses totales : 2 g	3%
	Lipides saturés : 0 g	0%
	Cholestérol : 0mg	0%
	Sodium : 901 mg	38%
	Total Glucides : 35g	12%
	Fibre : 0g	0%
	Sucres roux : 33g	
	Protéines : 4 g	sept%
	Vitamine A :	5%
	Vitamine C:	33%
	Calcium:	0%
	Le fer:	8%

Poulet aux arachides à la friteuse à air   Portions : 4

Temps total approx. : 35 minutes

Ingrédients

- 1 livre de cuisse de poulet avec os et peau
- 2 oz de beurre de cacahuète crémeux
- 1 cuillère à soupe. sauce sriracha, ajuster aux besoins en épices
- 1 cuillère à soupe. sauce soja
- 2 cuillères à soupe. sauce chili douce
- 2 cuillères à soupe. jus de citron vert
- 1 c. ail émincé
- 1 c. gingembre, haché
- une pincée de sel au goût, au goût
- 4 cl d'eau chaude
- 5 6 c. 5 à 6 coriandre, finement hachée
- 2 oz liq d'oignon vert haché
- 2 3 c. 2 à 3 cacahuètes concassées

les directions

Mélanger le beurre de cacahuète, la sauce sriracha, la sauce soja, la sauce chili douce, le jus de citron vert et le sel. Versez l'eau chaude et mélangez continuellement jusqu'à ce que vous ayez un mélange lisse.

Ajouter le poulet dans un sac à fermeture éclair. Verser la moitié de la sauce et mélanger continuellement jusqu'à ce que le poulet soit bien enrobé. Si vous avez le temps, laissez le poulet mariner 30 minutes ou jusqu'à 4 heures au réfrigérateur.

Retirez le poulet du sac en apportant avec lui autant de marinade que possible. Ajouter le poulet enrobé dans le panier Air-fryer.

Réglez la friteuse à air pendant 20 à 22 minutes ou en continu jusqu'à ce que les cuisses de poulet soient chauffées à 165F dans leur partie la plus épaisse.

Garnir de coriandre, d'oignon et d'arachides. Servir avec le reste de la sauce pour tremper.

Information nutritionnelle

Portion : 1/4 d'une recette.	Montant par Portion	% Du quotidien Évaluer
	Calories : 271	14%
	Calories provenant des lipides: 168	25%
	Matières grasses totales : 19 g	29%
	Lipides saturés : 5 g	25%
	Cholestérol : 95mg	32%
	Sodium : 526 mg	22%
	Total Glucides : 2g	1%
	Fibre : 0g	0%
	Sucres roux : 1g	
	Protéines : 2 g	4%
	Vitamine A :	4%
	Vitamine C:	0%
	Calcium:	2%
	Le fer:	sept%

Friteuse à air Reuben Egg Roll

Temps total approx.: 15M

Temps de cuisson : 8M

Ingrédients

- emballages pour nems
- tranches de corned-beef ou de pastrami
- boîte de choucroute
- fromage suisse
- pulvérisation d'huile végétale
- vinaigrette 1000 îles

les directions

Trancher le corned-beef en tranches étroites.

Couper le fromage suisse en tranches étroites.

Égouttez la choucroute et essuyez-la. Recommandé une serviette en papier pour absorber le jus!

Prenez 1 emballage de rouleau d'oeuf et humidifiez les bords avec de l'eau afin qu'il se scelle lorsque vous le repliez. Dirigez le coin vers vous.

Empilez le corned-beef et le fromage suisse en couches alternées. J'ai commencé avec le fromage suisse parce qu'il n'aime pas le fromage, et j'ai superposé du fromage, du corned-beef, du fromage, du corned-beef et j'ai fini avec le fromage. J'ai eu mon Corned Beef tranché un peu plus épais, mais vous pouvez le trancher comme vous le souhaitez.

Complétez avec un peu ou beaucoup de choucroute.

Prenez l'extrémité pointue la plus proche de vous et repliez le contenu.

Relevez les côtés et repliez.

Continuez à plier continuellement jusqu'à ce qu'il ressemble à un rouleau d'oeufs.

Vaporiser légèrement des deux côtés avec un spray d'huile végétale.

Ajoutez le panier de la friteuse à air. Je leur laisse toujours un peu de place pour qu'ils cuisent bien.

Air Fry à 400° pendant 7 minutes, retourner et encore 7 minutes de l'autre côté. Vous pouvez ajuster le temps de cuisson selon que vous les aimez clairs ou foncés. Mon mari aime tout brûlé!

Retirer avec des pinces de l'Air Fryer et servir avec la vinaigrette 1000 island.

Information nutritionnelle

Portion : 1/5 d'une recette.	Montant par Portion	% Du quotidien Évaluer
	Calories : 1	0%
	Calories provenant des graisses : 0	0%
	Matières grasses totales : 0 g	0%
	Lipides saturés : 0 g	0%
	Cholestérol : 0mg	0%
	Sodium : 3mg	0%
	Total Glucides : 0g	0%
	Fibre : 0g	0%
	Sucres roux : 0g	
	Protéines : 0g	0%
	Vitamine A :	0%
	Vitamine C:	0%
	Calcium:	0%
	Le fer:	0%

Frites de cornichon à l'aneth frites à l'air avec chapelure ranch

Portions : 8

Temps de cuisson : 15 minutes Rendement : 8 portions : jusqu'à 3 frites

Ingrédients

1 pot de 16 1 16 oz. pointes de cornichon à l'aneth casher, égouttées
4 oz de farine tout usage
1/4 c. poivre noir
3/4 tasse de babeurre entier
1 œuf large
8 fl oz de chapelure panko à la japonaise
1 enveloppe 14 1 1 -oz. mélange pour vinaigrette ranch en aérosol de cuisson
1 cuillère à soupe. ciboulette fraîche hachée
vinaigrette ranch ou vinaigrette ranch épicée, pour tremper oionaI

les directions

Étape 1

Éponger les cornichons très secs avec des serviettes en papier. Coupez les lances trop épaisses en deux dans le sens de la longueur pour créer des lances de 1/2 po d'épaisseur. Mélanger la farine et le poivre dans un plat à gratin. Mélanger le babeurre et l'œuf dans un deuxième plat à gratin. Mélanger le panko et le mélange pour vinaigrette ranch dans un troisième plat à gratin. Tremper les cornichons dans le mélange de farine, en secouant l'excédent. Tremper dans le mélange de babeurre et tremper dans le mélange de panko, en appuyant pour bien enrober.

Étape 2

En travaillant par lots, ajoutez les lances de cornichons en une seule couche dans un panier Air-fryer légèrement enduit d'un aérosol de cuisson. Vaporiser le dessus des cornichons avec un aérosol de cuisson, , pour plus de brunissement. Cuire à 400°F en continu jusqu'à coloration dorée, 8 minutes. Répéter avec les lances de cornichon restantes. Vaporiser de ciboulette et servir avec la vinaigrette ranch préférée.

Information nutritionnelle

Portion : 1/8 d'une recette.	Montant par Portion	% Du quotidien Évaluer
	Calories : 43	2%
	Calories provenant des lipides : 7	1%
	Matières grasses totales : 1 g	2%
	Lipides saturés : 0 g	0%
	Cholestérol : 28mg	9%
	Sodium : 35mg	1%
	Total Glucides : 7g	2%
	Fibre : 0g	0%
	Sucres roux : 1g	
	Protéines : 2 g	4%
	Vitamine A :	4%
	Vitamine C:	3%
	Calcium:	3%
	Le fer:	2%

Rouleaux de printemps au poulet

Temps total approx. : 20 minutes

Temps de cuisson : 25 minutes

Rendement : 12

des nems

Temps total : 45 M

Ingrédients

1 cuillère à soupe. huile d'olive
1 livre de porc ou de poulet
1 gousse d'ail , hachée
1 cuillère à soupe. gingembre frais râpé
1 carotte moyenne , râpée
3 oignons verts, hachés
3 tasses de chou vert râpé
1 cuillère à soupe. sauce soja
1 cuillère à soupe. vinaigre de vin de riz
12 emballages de nems impériaux
huile, pour badigeonner
sauce de canard
sauce aux prunes
sauce soja

les directions

Méthode

1 Cuire la garniture : Dans une grande poêle à feu moyen, ajouter l'huile d'olive avec le porc ou le poulet. Émiettez la viande avec une spatule ou une cuillère en bois pendant la cuisson. Cuire en continu jusqu'à ce que la viande soit bien cuite, 6 minutes. Ajouter l'ail, le gingembre, la carotte, les oignons verts et le chou. Continuez à cuire en continu jusqu'à ce que le chou se flétrit et soit tendre, encore 3minutes en remuant régulièrement. Assaisonner la garniture avec de la sauce soja et du vinaigre de vin de riz et retirer du feu pour refroidir. Ce remplissage peut être fait à l'avance. 2 Assemblez les nems impériaux : Déposez une seule enveloppe de nems impériaux sur une surface sèche avec une pointe du carré

face à vous comme un losange. Ajoutez jusqu'à 2 onces liquides du mélange de remplissage de rouleau d'oeufs au milieu de l'emballage. Tremper les doigts dans l'eau et passer les bords de la pâte. Pliez ensuite les bords de l'emballage sur le centre et commencez à rouler le rouleau d'oeufs loin de vous pour former un cylindre serré. Ajouter sur une assiette et répéter sans cesse jusqu'à ce que vous n'ayez plus de remplissage. Vous devriez obtenir jusqu'à une douzaine de nems. 3 Faites frire les nems à l'air : Ajoutez les nems dans le panier de la friteuse à air de la friteuse à air. Vaporisez-les ou badigeonnez-les légèrement d'huile. Ajoutez-en autant que vous le pouvez sans empiler les nems, en veillant à ce qu'ils ne se touchent pas. Il faut de l'air pour les faire circuler. Badigeonnez légèrement les nems d'huile. Ajoutez le panier de la friteuse à air dans la friteuse à air et tournez la friteuse à 0 ° F. Temps de cuisson réglé sur 6 minutes, retournez ensuite les nems, vaporisez ou badigeonnez d'huile une deuxième fois sur le côté inférieur, et le temps de cuisson est réglé sur 4 minutes supplémentaires. Les nems finis doivent être dorés et croustillants ! Sers immédiatement.

Information nutritionnelle

Portion : 1/12 d'une recette.	Montant par Portion	% Du quotidien Évaluer
	Calories : 51	3%
	Calories provenant des lipides: 16	2%
	Matières grasses totales : 2 g	3%
	Lipides saturés : 0 g	0%
	Cholestérol : 9mg	3%
	Sodium : 121mg	5%
	Total Glucides : 3g	1%
	Fibre : 1g	4%
	Sucres roux : 0g	
	Protéines : 6 g	11%
	Vitamine A :	1%
	Vitamine C:	36%
	Calcium:	2%
	Le fer:	1%

Recette de friteuse à air de riz BeeFried   Portions : 2

Temps total approx. : 25 minutes

Ingrédients

- 2 tasses de riz blanc cuit
- 8 fl oz de pointes de surlonge de bœuf cuites recommandées
- 1 cuillère à soupe. huile de sésame
- 2 c. poudre d'ail
- sel et poivre
- 1 cuillère à soupe. huile végétale
- 8 fl oz de petits pois et carottes surgelés
- oignon en cubes
- 1 oeuf

les directions

Préchauffer la friteuse à air 0 F

Assaisonner le boeuf avec du sel, du poivre et de la poudre d'ail.

Cuire dans une poêle à feu moyen.

Cuire en continu jusqu'à ce qu'il soit jusqu'à 3/4 de la cuisson.

Dans un petit bol, mélanger le riz, les pois, les carottes, l'oignon et l'huile végétale.

Une fois le bœuf cuit au 3/4, mélanger le bœuf dans le bol.

Verser le mélange dans le moule de la friteuse à air.

Temps de cuisson réglé jusqu'à 10 minutes

Mettez l'œuf sur le mélange et continuez à cuire jusqu'à ce que l'œuf soit complètement cuit.

Information nutritionnelle

Portion : 1/2 d'une recette.	Quantité par portion	% Du quotidien Évaluer
	Calories : 854	43%
	Calories provenant des lipides: 173	26%
	Matières grasses totales : 20 g	31%
	Lipides saturés : 4 g	20%
	Cholestérol : 144mg	48%
	Sodium : 336mg	14%
	Glucides totaux : 137g	46%
	Fibre : 4g	16%
	Sucres roux : 1g	
	Protéines : 17 g	31%
	Vitamine A :	3%
	Vitamine C:	dix%
	Calcium:	1%
	Le fer:	37%

Tortillas farcies au poulet | Blue Jean Chef - Meredith Laurence

Portions : 8

Temps total approx. : 32 m
Temps de cuisson : 7 millions de tortillas
Rendement : 8 donne 24
Temps total : 32 M

Ingrédients

- 4 onces de fromage à la crème à température ambiante
- 2 4 oz de fromage Cheddar râpé
- 2 tasses de poulet cuit effiloché
- 4 oz de poivrons rôtis en cubes
- 8 fl oz de grains de maïs frais ou surgelés
- 1 piment jalapeño émincé sans les graines
- 3 oignons verts hachés
- sel et poivre noir fraîchement
- 12 tortillas de farine de 8 po
- 2 oz d'huile de canola ou d'olive
- 1 c. poudre de chili
- salsa oional

les directions

Mélanger le fromage à la crème et le fromage cheddar dans un bol. Incorporer le poulet effiloché, les poivrons rôtis, le maïs et les oignons verts et assaisonner le mélange avec du sel et du poivre noir fraîchement.

Dans un deuxième petit bol, mélanger l'huile et la poudre de chili et réserver.

Couper les tortillas en deux. Faire une tortilla farcie à la fois. Commencez par rouler une demi-tortilla en forme de cône. Tout en tenant le cône d'une main, remplissez-le de 2 c. du mélange de poulet et de fromage. Poussez la garniture vers le bas du cône, en laissant ½ pouce du cône en haut. Pressez doucement le cône pour aplatir légèrement le cône en un triangle gonflé. Déposez le triangle de tortilla farci, couture vers le bas, sur un plateau ou une planche à découper. Répéter avec les ingrédients restants. Badigeonner chacun d'huile de piment.

Préchauffer la friteuse à air 70 °F.

Par lots, faites frire les tortillas à l'air pendant 6 minutes en continu jusqu'à ce qu'elles soient légèrement dorées et que la garniture soit bien chauffée.

Avant de servir, empilez toutes les tortillas farcies dans la friteuse à air et faites-les frire à 330° pendant 3 minutes maximum pour les réchauffer toutes.

Servir chaud, avec de la salsa.

Information nutritionnelle

Portion : 1/8 d'une recette.	Quantité par portion	% Du quotidien Évaluer
	Calories : 476	24%
	Calories provenant des lipides: 248	37%
	Matières grasses totales : 28 g	43%
	Lipides saturés : 12 g	60%
	Cholestérol : 59mg	20%
	Sodium : 787 mg	33%
	Total Glucides : 39g	13%
	Fibre : 1g	4%
	Sucres roux : 2g	
	Protéines : 20 g	36%
	Vitamine A :	14%
	Vitamine C:	2%
	Calcium:	34%
	Le fer:	sept%

Wontons au fromage à la crème   Portions : 6

Temps total approx. : 15 min

Ingrédients

8 onces de fromage à la crème ramolli
2 1/2 c. oignons finement tranchés
1 c. poudre d'ail
24 30 24 à 30 feuilles de won ton
sauce chili douce pour tremper
4 fl oz d'eau pour sceller
huile de cuisson en aérosol ou huile

les directions

Mélanger le fromage à la crème, la poudre d'ail et les oignons verts dans un petit bol.

Sortez les emballages de wonton de l'emballage et gardez-les recouverts d'un chiffon humide ou d'une serviette en papier en continu jusqu'à ce que vous soyez prêt à les remplir.

Ajouter une c. de fromage à la crème de remplissage à l'emballage et avec le pli préféré 3 plis énumérés ci-dessous pour sceller.

Instructions pour la friteuse à air

Préchauffez la friteuse à air en l'allumant pendant 5 minutes maximum. Ajouter les wontons dans le panier de la friteuse à air et vaporiser d'un aérosol de cuisson ou badigeonner d'huile. La pulvérisation donnera un aspect plus doré et plus beau et une texture légèrement meilleure. Si vous préférez ne pas le faire, les wontons seront farineux et un peu plus piquants. Cuire à 350 pendant 3 à 5 minutes, vérifier à 3 minutes. Ils doivent être croustillants et dorés. Servir avec une trempette.

Instructions de friture

Chauffer une casserole pleine d'huile à feu moyen, jusqu'à 2 à 3 pouces de profondeur. Testez un morceau de papier d'emballage dans l'huile lorsqu'elle devient chaude. Vous saurez qu'il est prêt lorsqu'il commencera immédiatement à faire bouillonner le wonton. Si l'huile n'est pas assez chaude, l'emballage coulera et ne bouillonnera pas. Faites frire jusqu'à 30 à 60 secondes et retournez au besoin si l'huile ne couvre pas les wontons.

Une fois qu'ils flottent vers le haut et qu'ils ont l'air dorés, retirez-les de l'huile et placez-les dans une assiette recouverte d'essuie-tout. Servir avec une trempette.

Pli triangulaire

Tournez le wonton carré à 45 F pour qu'il ressemble à un triangle. Déposer la garniture au milieu du carré. Passez un peu d'eau dans un « V » inversé sur le bord supérieur du wonton. Pliez le coin inférieur du wonton pour qu'il rencontre le haut. Appuyez sur les bords vers le bas et appuyez jusqu'au fromage à la crème pour que la garniture soit agréable et bien ajustée. Couvrir avec un chiffon humide ou une serviette en papier en continu jusqu'à ce que vous soyez prêt à cuire

Information nutritionnelle

Portion : 1/6 d'une recette.	Montant par Portion	% Du quotidien Évaluer
	Calories : 164	8%
	Calories provenant des lipides: 133	20%
	Matières grasses totales : 15 g	23%
	Lipides saturés : 9 g	45%
	Cholestérol : 42mg	14%
	Sodium : 163mg	sept%
	Total Glucides : 9g	3%
	Fibre : 0g	0%
	Sucres roux : 0g	
	Protéines : 4 g	sept%
	Vitamine A :	8%
	Vitamine C:	0%
	Calcium:	1%
	Le fer:	1%

Riz Frit Au Poulet Friteuse Sans Gluten

Portions : 5

Temps total approx.: 5M
Temps de cuisson : 10M
Rendement : 4

Temps total : 15 M

Ingrédients

- 8 oz de poitrine de poulet en cubes entièrement cuite
- 4 tasses de riz blanc froid et cuit
- 2 oz liq d'oignon blanc, coupé en cubes
- 2 onces liquides de céleri, coupé en cubes
- 2 oz liq de carottes, coupées en cubes
- 4 cuillères à soupe de sauce soja
- aérosol de cuisson

les directions

Posez le panier de la friteuse à air avec du papier d'aluminium. Assurez-vous de ne pas couvrir tout le panier pour vous assurer que l'air peut toujours circuler. Je l'enroule généralement sur le côté.

Vaporiser le papier d'aluminium avec le spray à l'huile de noix de coco.

Ajouter tous les ingrédients dans l'ordre sur le papier d'aluminium dans le panier de la friteuse à air.

Remuer pour combiner et ajouter une belle couche de spray d'huile de noix de coco sur le dessus du mélange.

Cuire dans la friteuse à air sur 390 pendant 5 minutes.

Ouvrir et remuer à nouveau le riz et le mélange, en ajoutant une couche supplémentaire de spray ou de sauce soja.

Poursuivre la cuisson 5 minutes supplémentaires à 390.

Information nutritionnelle

Portion : 1/5 d'une recette.	Quantité par portion	% Du quotidien Évaluer
	Calories : 471	24%
	Calories provenant des lipides : 3	0%
	Matières grasses totales : 0 g	0%
	Lipides saturés : 0 g	0%
	Cholestérol : 5mg	2%
	Sodium : 40mg	2%
	Glucides totaux : 103g	34%
	Fibre : 3g	12%
	Sucres roux : 0g	
	Protéines : 2 g	4%
	Vitamine A :	0%
	Vitamine C:	0%
	Calcium:	0%
	Le fer:	23%

Crevettes au miel et à l'ail Air Fryer

Ingrédients

4 oz de miel
4 cl de sauce soja tamari sans gluten
2 cuillères à soupe. ketchup
1 gousse d'ail , écrasée
1 c. gingembre frais
2 cuillères à soupe. fécule de maïs
16 onces de crevettes fraîches, moyennes, décortiquées et déveinées
16 onces de légumes sautés mélangés surgelés mélange de riz cuit

les directions

Dans une casserole de taille moyenne, ajouter le miel, la sauce soja, le ketchup, l'ail et le gingembre. Laisser chauffer à feu doux, incorporer la fécule de maïs en fouettant continuellement jusqu'à ce que la sauce épaississe. Nappez les crevettes avec la sauce. Posez une friteuse à air avec du papier d'aluminium, puis ajoutez les crevettes et les légumes. Cuire à 355° pendant 10 Minutes. Servir sur du riz cuit.

Information nutritionnelle

Portion : 1/6 d'une recette.	Quantité par portion	% Du quotidien Évaluer
	Calories : 189	9%
	Calories provenant des lipides : 3	0%
	Matières grasses totales : 0 g	0%
	Lipides saturés : 0 g	0%
	Cholestérol : 100mg	33%
	Sodium : 2003mg	83%
	Total Glucides : 36g	12%
	Fibre : 2g	8%
	Sucres roux : 26g	
	Protéines : 14 g	25%
	Vitamine A :	16%
	Vitamine C:	20%
	Calcium:	9%
	Le fer:	9%

Pâtés impériaux à la chinoise Air Fryer

Portions : 20

Temps total approx. : 2 heures

Ingrédients

1 livre et 1/2 de porc sans saucisse
2 c. gingembre frais, râpé
2 gousses d'ail finement hachées
2 oz de sauce soja
1 c. huile de sésame
1/2 c. 5 épices chinoises
1/2 c. cassonade blanche
une pincée de sel au goût
3 tasses de chou râpé ou haché finement
1 carotte râpée
4 oignons verts hachés
20 emballages de nems impériaux
eau pour sceller les emballages
2 – 3 c. huile végétale pour badigeonner
Panier de la friteuse à air et brosser légèrement les nems

les directions

Dans une poêle antiadhésive, cuire le porc avec le gingembre et l'ail à feu moyen en continu jusqu'à ce qu'il soit légèrement brun et qu'il ne soit plus rosé. Égoutter et remettre dans la poêle.

Mélanger la sauce soya, l'huile de sésame, la cassonade, les 5 épices et le sel dans un petit bol. Verser sur le porc et remuer.

Ajouter le chou haché, les carottes râpées et les oignons verts hachés dans la poêle. Mélanger + remuer pour bien mélanger. Cuire et remuer la garniture pour nemsen continu jusqu'à ce que le chou soit fané, jusqu'à 5 minutes. Retirer du feu et laisser reposer quelques minutes.

Ajouter les feuilles de rouleau sous un torchon humide. Pour assembler, voir l'image ci-dessous, placez un emballage devant vous afin qu'un coin pointe vers vous comme un diamant. Avec le doigt ou un pinceau, mouillez les bords de l'emballage avec de l'eau 1. Badigeonnez le coin supérieur jusqu'à un pouce avec de l'eau c'est le bord d'étanchéité et aidera à garder le rouleau fermé.

Prenez 3 cuillères à soupe combles. au centre de l'emballage 3. Pliez le coin inférieur vers le haut sur la garniture 4. Ramenez les coins gauche et droit au centre, en appuyant doucement et en rentrant 5.

Roulez le rouleau d'oeuf loin de vous, en le pliant sur lui-même, et ajoutez-le couture vers le bas sur une surface antiadhésive légèrement huilée. 6. Répétez continuellement jusqu'à ce que tous les emballages et la garniture aient été utilisés.

Comment faire cuire des rouleaux impériaux dans une friteuse à air

Badigeonnez ou vaporisez légèrement le panier de la friteuse à air avec de l'huile. Badigeonner une très petite quantité d'huile des deux côtés des nems.

Ajouter les nems, couture vers le bas, dans le panier de la friteuse à air en une seule couche afin qu'ils ne se touchent pas. Nous avons pu cuisiner 3 ou 4 à la fois, en travaillant par lots.

Fermez la friteuse à air et réglez la température à 90 F. Le temps de cuisson est réglé sur 6 minutes, tournez avec des pinces et le temps de cuisson est réglé sur 6 minutes supplémentaires en continu jusqu'à ce qu'il soit doré et croustillant.

Déplacez les nems cuits dans du papier journal ou des sacs en papier brun pour égoutter tout excès d'huile. Continuez à cuire, en travaillant par lots, en continu jusqu'à ce que les nems soient cuits.

Information nutritionnelle

Portion : 1/20 d'une recette.	Montant par Portion	% Du quotidien Évaluer
	Calories : 29	1%
	Calories provenant des lipides : 8	1%
	Matières grasses totales : 1 g	2%
	Lipides saturés : 0 g	0%
	Cholestérol : 22mg	sept%
	Sodium : 201 mg	8%
	Total Glucides : 3g	1%
	Fibre : 1g	4%
	Sucres roux : 1g	
	Protéines : 2 g	4%
	Vitamine A :	1%
	Vitamine C:	26%
	Calcium:	2%
	Le fer:	1%

Rouleaux impériaux à la friteuse à air de style chinois II

Portions : 5

Temps total approx.: 15M

Temps de cuisson : 15M

Rendement : 12

Temps total : 46 M

Ingrédients

1/2 livre de porc
1/2 oignon
1/2 sac de salade de chou
4 onces de champignons
1 branche de céleri
une pincée de sel au goût
emballages pour nems

les directions

Faire chauffer une poêle à feu moyen.

Ajouter le porc et l'oignon et cuire continuellement jusqu'à ce que le porc ne soit plus rosé.

Ajouter les champignons, le céleri, le mélange de salade de chou et le sel dans la poêle.

Temps de cuisson fixé à 5 minutes pour attendrir les légumes.

Mettez la pâte sur une planche à découper. Ajouter 1/3 tasse de mélange dans le coin supérieur de l'emballage du rouleau à œufs. Pliez le haut vers le bas sur la garniture. Roulez ensuite l'emballage en rentrant les côtés au fur et à mesure. Lorsque vous arrivez au fond avec les doigts pour humidifier les bords de l'emballage et le sceller en place.

Continuez à rouler les nems en continu jusqu'à ce que la garniture ait disparu.

Vaporisez légèrement les nems avec un aérosol de cuisson. Cela assurera un brunissement uniforme des nems.

Cuire les nems à 400°Pendant 6 à 8 minutes, retourner une fois avec une pince à mi-cuisson.

Information nutritionnelle

Portion : 1/5 d'une recette.	Montant par Portion	% Du quotidien Évaluer
	Calories : 132	sept%
	Calories provenant des lipides: 98	15%
	Matières grasses totales : 11 g	17%
	Lipides saturés : 4 g	20%
	Cholestérol : 30mg	dix%
	Sodium : 260mg	11%
	Total Glucides : 1g	0%
	Fibre : 0g	0%
	Sucres roux : 1g	
	Protéine : 1 g	2%
	Vitamine A :	0%
	Vitamine C:	3%
	Calcium:	0%
	Le fer:	2%

Riz frit au poulet avec friteuse à air   Portions : 5

Temps total approx.: 5M
Temps de cuisson : 10M
Rendement : 4
Temps total : 15 M

Ingrédients

- 8 fl oz de poitrine de poulet Poitrine de poulet entièrement cuite et en cubes
- 4 tasses de riz blanc Riz blanc cuit froid
- 2 oz liq d'oignon blanc Oignon blanc en cubes
- 2 fl oz de céleri Céleri en cubes
- 2 fl oz de carottes Carottes en cubes
- 4 c. sauce soja sauce soja
- Aérosol de cuisson à l'huile de noix de coco

les directions

Posez le panier Air-fryer avec du papier d'aluminium. Assurez-vous de ne pas couvrir tout le panier pour vous assurer que l'air peut toujours circuler. Je l'enroule généralement sur le côté.

Vaporiser le papier d'aluminium avec le spray à l'huile de noix de coco.

Ajouter tous les ingrédients dans l'ordre sur le papier d'aluminium dans le panier de la friteuse à air.

Remuer pour combiner et ajouter une belle couche de spray d'huile de noix de coco sur le dessus du mélange.

Cuire dans la friteuse à air sur 390 pendant 5 minutes.

ouvrir et remuer à nouveau le riz et le mélange, en ajoutant une couche supplémentaire de spray ou de sauce soja.

Poursuivre la cuisson 5 minutes supplémentaires à 390.

Information nutritionnelle

Portion : 1/5 d'une recette.	Quantité par portion	% Du quotidien Évaluer
	Calories : 483	24%
	Calories provenant des lipides : 3	0%
	Matières grasses totales : 0 g	0%
	Lipides saturés : 0 g	0%
	Cholestérol : 5mg	2%
	Sodium : 472mg	20%
	Glucides totaux : 105g	35%
	Fibre : 3g	12%
	Sucres roux : 2g	
	Protéines : 4 g	sept%
	Vitamine A :	0%
	Vitamine C:	0%
	Calcium:	0%
	Le fer:	23%

Air Fryer Chinois Orange Tofu

Portions : 4

Temps total approx. : 40 minutes

Ingrédients

1 bloc de tofu
1/2 c. poudre d'ail
1/4 c. sel
2 c. fécule de maïs
1/2 c. acides aminés liquides
1/4 c. huile de sésame
1/4 c. poivre noir
pour garnir : graines de sésame et échalotes
2 onces d'eau
2 oz de jus d'orange
1 cuillère à soupe. sirop d'érable
c. ⅛ gingembre
c. ⅛ poudre d'ail
1/2 c. aminos liquides/sauce soja à faible teneur en sodium
1 cuillère à soupe. vinaigre de vin de riz
1/2 c. fécule de maïs + 1/2 c. eau mélangée en continu jusqu'à ce que la fécule de maïs soit dissoute

les directions

Pour l'instant le tofu est en train de cuire et il reste jusqu'à 5 minutes, dans une casserole à feu vif, mélanger tous les ingrédients de la sauce, sauf la bouillie de fécule de maïs.

Porter à ébullition et laisser bouillir jusqu'à 1 minute, puis réduire le feu à moyen-doux. Ajouter la bouillie de fécule de maïs et fouetter vigoureusement en continu jusqu'à ce qu'elle soit dissoute dans la sauce. Temps de cuisson réglé jusqu'à 3 minutes en continu jusqu'à ce que la sauce commence à épaissir. Retirer du feu et laisser refroidir légèrement. Goûtez un peu pour décider si vous avez besoin de plus d'édulcorant ou de plus d'aminos liquides.

Tofu Friteuse À Air

Dans un bol de taille moyenne, ajouter le tofu pressé et coupé en cubes. Ajouter les acides aminés liquides et mélanger pour bien enrober. Ajouter tous les autres ingrédients de l'assaisonnement et mélanger pour bien mélanger.

Ajoutez la friteuse à air en une seule rangée, de sorte que tout le tofu ait un peu d'espace sur chaque morceau. Réglez la friteuse à air 0 F. Le temps de cuisson est réglé sur 10 minutes, en secouant le panier de la friteuse à air, attendez 5 minutes, puis continuez à cuire.

Mets le tout ensemble:

Retirer attendre que le tofu soit cuit. Mélanger le tofu dans la sauce à l'aide de pinces ou même simplement d'une grande cuillère, en enrobant complètement. Servir avec des graines de sésame et des oignons verts.

Information nutritionnelle

Portion : 1/4 d'une recette.	Quantité par portion	% Du quotidien Évaluer
	Calories : 356	18%
	Calories provenant des lipides : 3	0%
	Matières grasses totales : 13 g	20%
	Lipides saturés : 0 g	0%
	Cholestérol : 0mg	0%
	Sodium : 225mg	9%
	Total Glucides : 29g	dix%
	Fibre : 0g	0%
	Sucres roux : 4g	
	Protéines : 0g	0%
	Vitamine A :	0%
	Vitamine C:	8%
	Calcium:	94%
	Le fer:	26%

Air Fryer BBQ Poulet Épicé

Portions : 8

Durée totale environ : 30 minutes

Ingrédients

- 2 livres d'ailes de poulet
- 4 oz de farine
- une pincée de sel au goût
- huile d'olive extra vierge
- 3/4 tasse de sauce barbecue campagnarde
- 2 cuillères à soupe. Miel

les directions

Préchauffer la friteuse à air 0 F.

Ajouter la farine et le sel dans un sac à fermeture éclair de la taille d'un gallon. Ajouter les ailes de poulet et secouer pour enrober.

Retirez les ailes de poulet du sac et ajoutez-les en une seule couche dans le panier de la friteuse à air. Vaporiser légèrement d'huile d'olive.

Laisser refroidir 10 minutes puis retourner les ailes de poulet. Vaporiser légèrement l'autre face d'huile d'olive. Cuire 8 minutes supplémentaires.

Dans un petit bol, mélanger la sauce BBQ et le miel.

Badigeonner le mélange de sauce BBQ sur les ailes de poulet dans la friteuse à air. Cuire 3 à 4 minutes supplémentaires. Retourner les ailes de poulet, badigeonner la sauce BBQ de l'autre côté. Cuire 3 à 4 minutes supplémentaires en continu jusqu'à ce qu'elles soient croustillantes.

Information nutritionnelle

Portion : 1/8 d'une recette.	Quantité par portion	% Du quotidien Évaluer
	Calories : 40	2%
	Calories provenant des graisses : 0	0%
	Matières grasses totales : 0 g	0%
	Lipides saturés : 0 g	0%
	Cholestérol : 0mg	0%
	Sodium : 148mg	6%
	Total Glucides : 10g	3%
	Fibre : 0g	0%
	Sucres roux : 4g	
	Protéines : 0g	0%
	Vitamine A :	0%
	Vitamine C:	0%
	Calcium:	0%
	Le fer:	2%

Recette facile de rouleaux d'œufs aux légumes avec friteuse à air

Portions : 4

Temps total approx. : 8 minutes

Ingrédients

- 1 cuillère à soupe. huile d'olive
- 1 sac de 12 onces de salade de brocoli
- 8 champignons blancs coupés en cubes
- 1 cuillère à soupe. ail émincé
- 1 cuillère à soupe. gingembre frais finement haché
- 1 boîte de 8 onces de châtaigne d'eau en cubes
- 2 fl oz d'aminos à la noix de coco ou de sauce soja
- 1 c. huile de sésame
- 1/2 1 c. 1/2-1 flocons de piment selon la préférence de piment
- 8 pâtes à wonton pleine grandeur
- 2 fl oz d'eau pour sceller les bords

les directions

Instructions de remplissage :

Dans une grande poêle, ajouter l'huile d'olive. Lorsqu'il est chauffé, versez la salade de brocoli et le temps de cuisson réglé pendant quelques minutes en continu jusqu'à ce qu'il ramollisse. Ajouter les champignons en cubes, l'ail, le gingembre et les châtaignes d'eau en cubes.

Une fois que tous les légumes sont flétris et tendres, ajoutez les aminos ou la sauce soja, l'huile de sésame, les flocons de piment. Goûtez et ajoutez du sel et du poivre au besoin. Retirer du feu et réserver.

Oion : Il devrait y avoir très peu de liquide dans ce mélange. S'il y a trop de liquide, préparez une bouillie de 1 c. fécule de maïs et 1 c. eau et ajouter au mélange de légumes pour l'épaissir et se débarrasser de l'humidité.

Assemblage des nems :

Pour l'instant, posez l'emballage du rouleau à œufs de manière à ce que les coins des pointes soient en bas et en haut comme un diamant. À l'aide du doigt, humectez tous les bords de l'emballage de l'egg roll avec de l'eau.

Maintenant, étalez une cuillerée de garniture au milieu de l'emballage, en couche horizontale. Ensuite, pliez le coin inférieur de l'emballage du rouleau à œufs vers le haut et sur la garniture et poussez la garniture fermement dans l'emballage.

Ensuite chaque côté, un par un l'un sur l'autre, en veillant à humidifier chaque bord avec de l'eau pour qu'il reste bien fermé. Rouler complètement fermé et humidifier les bords ouverts pour qu'ils restent fermés. Répétez l'opération avec les autres rouleaux impériaux et vaporisez ensuite chaque côté avec un aérosol de cuisson.

Ajouter les nems dans le panier préchauffé de la friteuse à air. Faites frire pendant 4 minutes à la friteuse à ciel ouvert 40next et retournez-les. Cuire encore 4 minutes. retirer du panier de la friteuse à air et couper en deux. Servir immédiatement avec des aminos à la noix de coco ou de la sauce soja. Prendre plaisir!

Information nutritionnelle

Portion : 1/4 d'une recette.	Quantité par portion	% Du quotidien Évaluer
	Calories : 128	6%
	Calories provenant des lipides: 47	sept%
	Matières grasses totales : 5 g	8%
	Gras saturés : 1g	5%
	Cholestérol : 1mg	0%
	Sodium : 574 mg	24%
	Total Glucides : 11g	4%
	Fibre : 1g	4%
	Sucres roux : 3g	
	Protéines : 9 g	16%
	Vitamine A :	1%
	Vitamine C:	15%
	Calcium:	1%
	Le fer:	0%

Friteuse Simple Air Fryer Char Siu Porc Portions : 4

Durée totale environ : 30 minutes

Ingrédients

- 4 c. 4 c. Miel
- 2 cuillères à soupe. 2 cuillères à soupe. sauce soja
- 1 cuillère à soupe. 1 cuillère à soupe. cassonade
- 1 cuillère à soupe. 1 cuillère à soupe. vin de cuisson du riz shaoxing
- 1 cuillère à soupe. 1 cuillère à soupe. sauce hoisin
- 2 c. 2 c. ail émincé
- 2 c. 2 c. gingembre, haché
- 1 c. cinq épices chinois
- 1 livre 453 9 g d'épaule de porc désossée ou de poitrine de porc

les directions

A l'aide d'une fourchette, bien piquer les tranches de porc.

Préparez la sauce : Mélangez tous les ingrédients de la sauce sauf l'épaule de porc dans un petit bol.

Ajouter les tranches de porc dans un sac ziplock ou un bol et verser la moitié de la sauce. Bien mélanger et laisser mariner le porc jusqu'à 30 minutes et jusqu'à 4 heures au réfrigérateur.

Retirer le porc de la marinade et l'ajouter en une seule couche dans le panier de la friteuse à air.

Régler la friteuse à air 90 Pendant 15 minutes, retourner et arroser le porc à mi-cuisson.

Pour l'instant Char siu est en train de cuire, Ajouter la moitié réservée de la sauce au micro-ondes et cuire à feu vif pendant 45 à 60 secondes en remuant toutes les 15 secondes. Vous faites cela pour épaissir un peu la sauce. Puisqu'il contient du miel, faites attention à ne pas trop cuire sinon vous aurez du caramel char siu demandez-moi comment je sais.

À l'aide d'un thermomètre à viande, assurez-vous que le porc a atteint une température interne de 145F.

Déposer le porc sur une planche à découper et laisser reposer 10 minutes.

Badigeonnez de sauce cuite et servez.

Information nutritionnelle

Portion : 1/4 d'une recette.	Quantité par portion	% Du quotidien Évaluer
	Calories : 81	4%
	Calories provenant des graisses : 0	0%
	Matières grasses totales : 0 g	0%
	Lipides saturés : 0 g	0%
	Cholestérol : 0mg	0%
	Sodium : 274mg	11%
	Total Glucides : 22g	sept%
	Fibre : 0g	0%
	Sucres roux : 20g	
	Protéine : 1 g	2%
	Vitamine A :	0%
	Vitamine C:	0%
	Calcium:	0%
	Le fer:	0%

Friteuse à air Copycat Buffet chinois Beignets à la cassonade Portions : 4

Durée totale env. 5M

Temps de cuisson : 12M

Rendement : 4

Temps total : 17 M

Ingrédients

- 1 boîte de biscuits bon marché non feuilletés
- 4 oz de cassonade
- 4 c. beurre ramolli

les directions

Poser une plaque à pâtisserie avec du papier sulfurisé.

Mettre la cassonade dans un bol en tôle

Retirez les biscuits de la boîte, séparez-les et ajoutez-les sur la plaque à pâtisserie.

Si vous voulez des beignets, coupez chaque biscuit en quatre morceaux

Vaporiser les beignets avec un aérosol de cuisson ou de l'huile d'olive d'un vaporisateur

Ajouter les biscuits en une seule couche dans la friteuse à air en essayant d'éviter qu'ils ne se touchent, si vous avez plus de biscuits que la friteuse à air ne peut en contenir, vous devrez faire deux lots.

Fermez la friteuse à air et réglez 0°F. Cuire, 3 minutes. Friteuse à ciel ouvert, retourner les biscuits et cuire 3 minutes de plus.

Pendant la cuisson des biscuits, ramollir le beurre au micro-ondes et le verser dans un bol.

Déplacer les biscuits sur la plaque à pâtisserie.

Mélanger les biscuits dans un bol de beurre ramolli.

Déplacer les biscuits dans un bol de cassonade et remuer pour bien les enrober. Servir chaud

Information nutritionnelle

Portion : 1/4 d'une recette.	Quantité par portion	% Du quotidien Évaluer
	Calories : 190	dix%
	Calories provenant des lipides: 100	15%
	Matières grasses totales : 11 g	17%
	Lipides saturés : 0 g	0%
	Cholestérol : 30mg	dix%
	Sodium : 90mg	4%
	Total Glucides : 24g	8%
	Fibre : 0g	0%
	Sucres roux : 24g	
	Protéines : 0g	0%
	Vitamine A :	8%
	Vitamine C:	0%
	Calcium:	0%
	Le fer:	0%

Chou-fleur du Général Tso   Portions : 4

Temps total approx. : 40 m

Temps de cuisson : 15M

Rendement : 4

Temps total : 40 M

Ingrédients

- 1 tête de chou-fleur coupée en bouquets
- 3/4 tasse de farine tout usage divisé
- 3 oeufs
- 8 oz de chapelure panko
- huile de canola ou d'arachide dans un flacon pulvérisateur
- 2 cuillères à soupe. sauces aux huîtres végétariennes
- 2 oz de sauce soja
- 2 c. pâte au Chili
- 2 cuillères à soupe. vinaigre de vin de riz
- 2 cuillères à soupe. cassonade
- 2 onces d'eau

les directions

Mettre en place une station de dragage à l'aide de trois bols. Ajouter le chou-fleur à l'aide d'un grand bol et vaporiser ¼ de tasse de farine sur le dessus. Ajouter les œufs dans un deuxième bol et mélanger la chapelure panko et la ½ tasse de farine restante dans un troisième bol. Passer le chou-fleur dans la farine pour bien enrober tous les bouquets. Tremper les bouquets de chou-fleur dans les œufs et les mélanger enfin dans la chapelure pour les enrober de tous les côtés. Ajouter les bouquets de chou-fleur enrobés sur une plaque à pâtisserie et vaporiser généreusement d'huile de canola ou d'arachide.

Faites frire le chou-fleur à 400° Pendant 15 minutes, retournez les bouquets pour les 3 dernières minutes de cuisson et arrosez à nouveau d'huile.

Pour le moment, le chou-fleur est frit à l'air, préparez la sauce General Tso. Mélanger la sauce aux huîtres, la sauce soja, la pâte de piment, le vinaigre de vin de riz, la cassonade et l'eau dans une casserole et porter le mélange à ébullition sur la cuisinière. Baisser le feu et laisser mijoter 10 minutes en remuant de temps en temps.

Lorsque la minuterie est terminée sur la friteuse à air, déplacez le chou-fleur dans un grand bol, versez la sauce sur le tout et mélangez pour enrober. Servir avec du riz blanc ou brun et du brocoli cuit à la vapeur.

Information nutritionnelle

Portion : 1/4 d'une recette.	Quantité par portion	% Du quotidien Évaluer
	Calories : 197	dix%
	Calories provenant des lipides: 33	5%
	Matières grasses totales : 4 g	6%
	Gras saturés : 1g	5%
	Cholestérol : 162mg	54%
	Sodium : 634 mg	26%
	Total Glucides : 31g	dix%
	Fibre : 3g	12%
	Sucres roux : 8g	
	Protéines : 9 g	16%
	Vitamine A :	5%
	Vitamine C:	0%
	Calcium:	2%
	Le fer:	8%

Poulet du Général Tso plus sain

Portions : 4

Durée totale environ : 30 minutes

Ingrédients

1 2 cuisses de poulet de 1 à 2 lb, désossées et sans peau, coupées en bouchées
1/3 tasse de fécule de pomme de terre
1 cuillère à soupe. huile végétale
6 piments rouges séchés
3 oignons verts hachés
2 c. ail émincé
1 c. gingembre haché
3/4 tasse de cassonade
4 oz de bouillon de poulet
4 oz de sauce soja
2 cuillères à soupe. vinaigre de riz
1 c. huile de sésame
1 pincée de sel
2 c. fécule de maïs
2 onces d'eau

les directions

Set Air Fryer0 F. Enrober les cuisses de poulet de fécule de pomme de terre en s'assurant que tous les morceaux sont entièrement recouverts. Avec des pinces pour ajouter les morceaux de poulet dans le panier de la friteuse à air. Cuire les morceaux de poulet pendant 20 à 25 minutes en continu jusqu'à ce qu'ils soient croustillants, en secouant le panier toutes les 5 minutes.

Pour l'instant, préparez la sauce en chauffant l'huile végétale dans une poêle à feu moyen-vif. Une fois chaud, ajouter les oignons verts, les piments séchés, l'ail et le gingembre etfaire sauter jusqu'à 1 minute, en continu, jusqu'à ce que les piments deviennent plus clairs et que les oignons soient ramollis.

Ajouter la cassonade, le bouillon de poulet, la sauce soja, le vinaigre de riz, l'huile de sésame et une pincée de sel dans la poêle et remuer. Porter à ébullition et régler le temps de cuisson jusqu'à 3 minutes.

Une fois le poulet dans la friteuse à air terminé, ajouter à la sauce et incorporer.

Créer un épaississant en fouettant 2 c. de fécule de maïs dans 2 fl oz d'eau froide. Incorporer à la sauce bouillante et laisser cuire jusqu'à 1 minute, en continu jusqu'à ce que la sauce ait épaissi.

Servir avec du riz et des légumes.??

Information nutritionnelle

Portion : 1/4 d'une recette.	Quantité par portion	% Du quotidien Évaluer
	Calories : 274	14%
	Calories provenant des lipides: 67	dix%
	Matières grasses totales : 8 g	12%
	Lipides saturés : 2 g	dix%
	Cholestérol : 16mg	5%
	Sodium : 1257mg	52%
	Total Glucides : 46g	15%
	Fibre : 2g	8%
	Sucres roux : 41g	
	Protéines : 6 g	11%
	Vitamine A :	1%
	Vitamine C:	16%
	Calcium:	1%
	Le fer:	1%

Ailes de poulet frites à l'air avec sauce soja   Portions : 4

Temps total approx. : 26 min

Temps de cuisson : 22M

Rendement : 4

Temps total : 26 M

Ingrédients

- friteuse à air
- moule à gâteau pour friteuse à air
- 6 ailes de poulet moyennes
- 2 c. huile d'olive
- 2 c. purée d'ail
- 2 cuillères à soupe. Miel
- 1 cuillère à soupe. sauce soja
- 1 cuillère à soupe. 5 épices chinoises
- poivre noir

les directions

Ajouter tous les ingrédients sauf les ailes de poulet dans un bol à mélanger et bien mélanger avec une fourchette ou une cuillère. Ajouter les ailes de poulet et mélanger continuellement avec les mains jusqu'à ce que les ailes de poulet soient enrobées de leur marinade de poulet chinois.

Ajouter les ailes de poulet pendant qu'elles sont encore dans l'arc au réfrigérateur pendant une heure pour bien mariner.

Attendre une heure Ajouter les ailes de poulet dans un moule à gâteau et ajouter dans la friteuse à air.

Temps de cuisson réglé sur 22 minutes à 180c/360f.

Servir chaud.

Information nutritionnelle

Portion : 1/4 d'une recette.	Montant par Portion	% Du quotidien Évaluer
	Calories : 54	3%
	Calories provenant des lipides: 20	3%
	Matières grasses totales : 2 g	3%
	Lipides saturés : 0 g	0%
	Cholestérol : 0mg	0%
	Sodium : 135mg	6%
	Total Glucides : 9g	3%
	Fibre : 0g	0%
	Sucres roux : 9g	
	Protéine : 1 g	2%
	Vitamine A :	0%
	Vitamine C:	0%
	Calcium:	0%
	Le fer:	0%

Air Fryer Poulet au sésame à la chinoise

Temps total approx.: 10M

Temps de cuisson : 25M

Rendement : 6

Temps total : 35 M

Ingrédients

6 cuisses de poulet désossées et sans peau
4 oz de fécule de maïs
spray d'huile d'olive
2 oz de sauce soja
2 cuillères à soupe de cassonade
2 cuillères à soupe de jus d'orange
5 c. sauces hoisin ou sauce sans gluten
1/2 c. Gingembre
1 gousse d'ail , écrasée
1 cuillère à soupe d'eau froide
1 cuillère à soupe de fécule de maïs
2 c. graines de sésame
riz cuit
haricots verts

les directions

Coupez le poulet en cubes, puis mélangez-le dans un bol avec de la fécule de maïs ou de la fécule de pomme de terre. Avec assez pour bien enrober le poulet.

Ajoutez la friteuse à air et faites cuire selon le manuel de la friteuse à air pour le poulet. Remarque - J'ai fait cuire le nôtre sur 390 pendant 24 minutes, 12 minutes de chaque côté.

Pour l'instant le poulet est en train de cuire, dans une petite casserole, commencer à faire la sauce.

Ajouter la sauce soya, la cassonade, le jus d'orange, la sauce hoisin, le gingembre et l'ail dans la casserole à feu moyen-vif. Fouettez bien pour mélanger.

Une fois que la cassonade est complètement dissoute et que le point d'ébullition est atteint, incorporer l'eau et la fécule de maïs en fouettant. La sauce ne prendra que 5 minutes pour cuire sur la cuisinière, puis 5 minutes supplémentaires pour épaissir.

Mélanger les graines de sésame.

Retirer du feu et laisser la sauce reposer pendant 5 minutes pour épaissir.

Une fois le poulet cuit, le retirer de la friteuse et l'enrober de sauce.

Servir garni de riz et de haricots.

Information nutritionnelle

Portion : 1/5 d'une recette.	Quantité par portion	% Du quotidien Évaluer
	Calories : 208	dix%
	Calories provenant des lipides: 82	12%
	Matières grasses totales : 9 g	14%
	Lipides saturés : 3 g	15%
	Cholestérol : 52mg	17%
	Sodium : 480mg	20%
	Total Glucides : 18g	6%
	Fibre : 0g	0%
	Sucres roux : 2g	
	Protéines : 2 g	4%
	Vitamine A :	2%
	Vitamine C:	0%
	Calcium:	1%
	Le fer:	3%

Pépites de poulet surgelées Air Fryer à la chinoise

Portions : 6

Temps total approx. : 15 minutes

Ingrédients

10 pépites de poulet pépites de poulet emballées surgelées

les directions

Disposez les pépites de poulet surgelées dans le panier de la friteuse à air de manière à ce qu'elles ne se chevauchent pas. Cela les rendra plus croustillants.

Fermez le couvercle et allumez la machine. Appuyez sur air crisp à 400 pendant 12 minutes.

À la minute 5, soulevez le couvercle et retournez la pépite.

Attendez que le temps soit écoulé, servez chaud.

Information nutritionnelle

Portion : 1/6 d'une recette.	Montant par Portion	% Du quotidien Évaluer
	Calories : 5	0%
	Calories provenant des lipides : 3	0%
	Matières grasses totales : 0 g	0%
	Lipides saturés : 0 g	0%
	Cholestérol : 0mg	0%
	Sodium : 10mg	0%
	Total Glucides : 0g	0%
	Fibre : 0g	0%
	Sucres roux : 0g	
	Protéines : 0g	0%
	Vitamine A :	0%
	Vitamine C:	0%
	Calcium:	0%
	Le fer:	0%

Poulet au sésame Air Fryer   Portions : 5

Temps total approx.: 10M
Temps de cuisson : 25M
Rendement : 6
Temps total : 35 M

Ingrédients

- 6 cuisses de poulet désossées et sans peau
- 4 oz de fécule de maïs
- spray d'huile d'olive
- 2 oz de sauce soja
- 2 cuillères à soupe de cassonade
- 2 cuillères à soupe de jus d'orange
- 5 c. sauces hoisin
- 1/2 c. Gingembre
- 1 gousse d'ail, écrasée
- 1 cuillère à soupe d'eau froide
- 1 cuillère à soupe de fécule de maïs
- 2 c. graines de sésame
- oignons verts
- riz cuit

les directions

Coupez le poulet en cubes, puis mélangez-le dans un bol avec de la fécule de maïs ou de la fécule de pomme de terre. Avec assez pour bien enrober le poulet.

Ajoutez la friteuse à air et faites cuire selon le manuel de la friteuse à air pour le poulet. Remarque - J'ai fait cuire le nôtre sur 390 pendant 24 minutes, 12 minutes de chaque côté.

Pour l'instant le poulet est en train de cuire, dans une petite casserole, commencer à faire la sauce.

Ajouter la sauce soya, la cassonade, le jus d'orange, la sauce hoisin, le gingembre et l'ail dans la casserole à feu moyen-vif. Fouettez-le continuellement jusqu'à ce qu'il soit bien mélangé.

Une fois que la cassonade est complètement dissoute et qu'une faible ébullition est atteinte, incorporer l'eau et la fécule de maïs.

Mélanger les graines de sésame. La sauce ne devrait prendre que 5 minutes ou moins à faire sur la cuisinière et ensuite 5 minutes supplémentaires pour épaissir.

Retirer la sauce du feu et laisser reposer 5 minutes pour épaissir.

Une fois le poulet cuit, retirez-le de la friteuse à air et ajoutez-le dans un bol, puis enduisez-le de sauce.

Information nutritionnelle

Portion : 1/5 d'une recette.	Quantité par portion	% Du quotidien Évaluer
	Calories : 220	11%
	Calories provenant des lipides: 82	12%
	Matières grasses totales : 9 g	14%
	Lipides saturés : 3 g	15%
	Cholestérol : 52mg	17%
	Sodium : 480mg	20%
	Total Glucides : 19g	6%
	Fibre : 0g	0%
	Sucres roux : 2g	
	Protéines : 2 g	4%
	Vitamine A :	sept%
	Vitamine C:	32%
	Calcium:	1%
	Le fer:	11%

Côtelettes de porc chinoises au sel et au poivre   Portions : 2

Temps total approx. : 25 minutes

Ingrédients

- côtelette de porc
- 1 blanc d'oeuf
- 1/2 c. sel
- 1/4 c. poivre noir fraîchement
- 3/4 tasse de fécule de pomme de terre ou de fécule de maïs
- 1 brumisateur d'huile
- 2 tiges de piment jalapeño retirées, tranchées
- 2 oignons verts échalotes parés, tranchés
- 2 cuillères à soupe. huiles de canola ou d'arachide
- 1 c. sel
- 1/4 c. poivre noir fraîchement
- friteuse de poulet en fonte

les directions

Enduisez le panier de la friteuse d'une fine couche d'huile. Voir mon article sur Comment préparer et assaisonner le panier de la friteuse à air.

À l'aide d'un bol moyen, mélanger le blanc d'œuf, le sel et le poivre en continu jusqu'à consistance mousseuse. Couper les côtelettes de porc en escalopes, en laissant un peu sur les os etséchez. Ajouter les morceaux de côtelettes de porc au mélange de blancs d'œufs. Bien enrober.

Mariner jusqu'à 20 minutes.

Déplacez les côtelettes de porc dans un grand bol et ajoutez la fécule de pomme de terre. Passez soigneusement les côtelettes de porc dans la fécule de pomme de terre. Secouez le porc et ajoutez-le dans le panier de la friteuse à air. Vaporiser légèrement le porc d'huile.

Cuire à 360 ° pendant 9 minutes, en secouant souvent le panier de la friteuse à air et en pulvérisant de l'huile entre les secousses. Cuire 6 minutes supplémentaires à 400 F, ou en continu jusqu'à ce que le porc soit brun et croustillant.

Sauté

Trancher les jalapeños en fines tranches et retirer les graines. Hacher les oignons verts. Ajouter dans un bol et réserver.

Chauffez le wok ou la poêle en continu jusqu'à ce qu'ils soient très chauds. Ajouter l'huile, les piments Jalapeño, les oignons verts, le sel et le poivre et faire sauter jusqu'à une minute. Ajoutez des morceaux de porc frits à l'air dans le wok ou la poêle et mélangez-les avec le jalapeño et les oignons verts. Faire sauter le porc pendant une autre minute, en veillant à ce qu'il soit bien enrobé d'huile chaude et de légumes.

Information nutritionnelle

Portion : 1/2 d'une recette.	Montant par Portion	% Du quotidien Évaluer
	Calories : 276	14%
	Calories provenant des lipides: 122	18%
	Matières grasses totales : 13 g	20%
	Lipides saturés : 5 g	25%
	Cholestérol : 69mg	23%
	Sodium : 1865mg	78%
	Total Glucides : 8g	3%
	Fibre : 1g	4%
	Sucres roux : 0g	
	Protéines : 19 g	35%
	Vitamine A :	0%
	Vitamine C:	sept%
	Calcium:	0%
	Le fer:	9%

Poulet à l'ail facile et délicieux   Portions : 5

Temps total approx.: 10M
Temps de cuisson : 25M
Rendement : 4
Temps total : 35 M

Ingrédients

6 cuisses de poulet désossées et sans peau
fécule de maïs ou fécule de pomme de terre
4 oz de miel
4 oz de sauce soja
2 cuillères à soupe de cassonade
2 cuillères à soupe de ketchup
1 gousse d'ail, écrasée
1/2 c. Gingembre
1 cuillère à soupe de fécule de maïs
riz cuit
haricots verts, cuits
oignons, tranchés

les directions

Coupez le poulet en cubes, puis mélangez-le dans un bol avec de la fécule de maïs ou de la fécule de pomme de terre. Avec assez pour bien enrober le poulet.

Ajoutez la friteuse à air et faites cuire selon le manuel de la friteuse à air pour le poulet. Remarque - J'ai fait cuire le nôtre sur 390 pendant 24 minutes, 12 minutes de chaque côté.

Pour le moment le poulet est en train de cuire, dans une petite casserole, mélanger le miel, la sauce soja, la cassonade, le ketchup, l'ail et le gingembre.

Porter à faible ébullition, puis incorporer la fécule de maïs en fouettant continuellement jusqu'à ce que la sauce épaississe. Notez que si ce n'est pas assez épais, ajoutez de la fécule de maïs supplémentaire en continu jusqu'à ce qu'il soit bien épaissi.

Mettre de côté.

Une fois le poulet cuit, mélangez-le à la sauce et réchauffez-le. Cela peut être fait dans une petite poêle ou une casserole, enrober simplement le poulet avec la sauce. Ce sera une sauce à texture collante.

Servir le poulet sur le riz cuit avec des haricots verts.

Garnir d'oignon vert.

Information nutritionnelle

Portion : 1/5 d'une recette.	Quantité par portion	% Du quotidien Évaluer
	Calories : 264	13%
	Calories provenant des lipides: 82	12%
	Matières grasses totales : 9 g	14%
	Lipides saturés : 3 g	15%
	Cholestérol : 52mg	17%
	Sodium : 912 mg	38%
	Total Glucides : 32g	11%
	Fibre : 0g	0%
	Sucres roux : 29g	
	Protéines : 4 g	sept%
	Vitamine A :	sept%
	Vitamine C:	32%
	Calcium:	1%
	Le fer:	11%

Recette de poulet du général Tso à l'air friteuse   Portions : 2

Temps total approx. : 20 minutes

Ingrédients

1 livre de cuisse de poulet désossée et sans peau, coupée en petits morceaux
2 cuillères à soupe. fécule de maïs
une pincée de sel au goût
trait de poivre noir
2 onces liquides de ketchup
2 cuillères à soupe. sauce soja
2 cuillères à soupe. sucre brun foncé
1/2 c. pâte de gingembre
2 gousses d'ail écrasées
1/2 c. flocons de piment rouge

les directions

Préchauffer la friteuse à air 0° pendant 5 minutes

À l'aide d'un petit bol, mélanger le poulet avec la fécule de maïs, le sel et le poivre pour bien l'enrober. Mettez le poulet dans la friteuse à air, séparez les morceaux pour qu'ils cuisent jusqu'au bout, faites frire à l'air pendant 15 minutes.

Servir sur du riz blanc ou brun nature

Pour le poulet

Préchauffer la friteuse à air 0° pendant 5 minutes

À l'aide d'un petit bol, mélanger le poulet avec la fécule de maïs, le sel et le poivre pour bien l'enrober

Vaporisez le panier de la friteuse à air avec un aérosol de cuisson antiadhésif

Mettez le poulet dans la friteuse à air, séparez les morceaux pour qu'ils cuisent jusqu'au bout

Faites frire à l'air pendant 10 minutes, remuez le panier de la friteuse à air une fois à 5 minutes pour retourner le poulet

Pour la sauce

Ajouter tous les ingrédients de la sauce dans une petite casserole à fond épais ou à feu moyen

Fouetter continuellement jusqu'à ce que la cassonade soit dissoute.

Porter à ébullition rapide

Réduire pour laisser mijoter, laisser mijoter jusqu'à 5 minutes en continu jusqu'à ce que la sauce ait épaissi

Verser la sauce sur le poulet frit à l'air pour bien l'enrober.

Information nutritionnelle

Portion : 1/2 d'une recette.	Quantité par portion	% Du quotidien Évaluer
	Calories : 611	31%
	Calories provenant des lipides: 300	45%
	Matières grasses totales : 34 g	52%
	Lipides saturés : 10 g	50%
	Cholestérol : 190mg	63%
	Sodium : 1682mg	70%
	Total Glucides : 32g	11%
	Fibre : 0g	0%
	Sucres roux : 22g	
	Protéines : 2 g	4%
	Vitamine A :	8%
	Vitamine C:	0%
	Calcium:	4%
	Le fer:	12%

Bols de poulet teriyaki pour friteuse à air

Portions : 5

Temps total approx.: 20M   Temps de cuisson : 30M
Rendement : 6

Temps total : 50 M

Ingrédients

- 6 cuisses de poulet désossées et sans peau
- 2 oz de fécule de maïs ou fécule de pomme de terre
- 4 fl oz de sauce soja sans gluten ou ordinaire
- 2 onces d'eau
- 2 cuillères à soupe de vinaigre de vin de riz
- 2 cuillères à soupe de cassonade
- 2 oz de cassonade
- 1 gousse d'ail , écrasée
- 1 c. Gingembre
- 1/2 cuillère à soupe de fécule de maïs
- 3 tasses de riz blanc cuit
- 2 tasses de haricots verts, cuits
- 2 oignons verts , coupés en cubes

les directions

Coupez le poulet en cubes, puis mélangez-le dans un bol avec de la fécule de maïs ou de la fécule de pomme de terre. Avec assez pour bien enrober le poulet.

Ajoutez la friteuse à air et faites cuire selon le manuel de la friteuse à air pour le poulet. Remarque - J'ai cuit le nôtre sur 390 pendant 10 à 15 minutes de chaque côté.

Pour l'instant le poulet est en train de cuire, dans une petite casserole, mélanger la sauce soja, l'eau, le vinaigre de vin de riz, la cassonade, la cassonade ordinaire, l'ail et le gingembre. Fouettez-le bien en continu jusqu'à ce qu'il soit bien mélangé.

Porter à faible ébullition, puis incorporer la fécule de maïs en fouettant continuellement jusqu'à ce que la sauce épaississe. Remarque - s'il n'est pas aussi épais que vous le souhaitez, ajoutez une autre 1/2 cuillère à soupe.

Retirer du feu jusqu'à 5 minutes et laisser épaissir.

Mettre de côté.

Une fois que le poulet est cuit jusqu'à une température interne allant jusqu'à 165 F, mélangez-le à la sauce et réchauffez-le. Cela peut être fait dans une petite poêle ou une casserole, enrober simplement le poulet avec la sauce.

Servir le poulet sur le riz cuit avec des haricots verts.

Garnir d'oignon vert.

Information nutritionnelle

Portion : 1/5 d'une recette.	Quantité par portion	% Du quotidien Évaluer
	Calories : 567	28%
	Calories provenant des lipides: 82	12%
	Matières grasses totales : 9 g	14%
	Lipides saturés : 3 g	15%
	Cholestérol : 52mg	17%
	Sodium : 1216mg	51%
	Total Glucides : 97g	32%
	Fibre : 5g	20%
	Sucres roux : 15g	
	Protéines : 5 g	9%
	Vitamine A :	sept%
	Vitamine C:	12%
	Calcium:	3%
	Le fer:	24%

Air Fryer Chinese Salt & Pepper Chicken Wings 2

Portions : 5

Temps total approx. : 50 minutes

Type de recette : Chinoise

Ingrédients

- 14 20 14 à 20 morceaux d'ailes de poulet
- 1 blanc d'oeuf
- 1/2 c. sel
- 1/4 c. poivre noir fraîchement
- 3/4 tasse de fécule de pomme de terre
- 1 brumisateur d'huile
- 2 tiges de piment jalapeño retirées
- 2 oignons verts échalotes parés
- 2 cuillères à soupe. huiles de canola ou d'arachide
- 1 c. sel
- 1/4 c. poivre noir fraîchement
- friteuse de poulet en fonte

les directions

Enduisez le panier de la friteuse d'une fine couche d'huile. Voir mon article sur Comment préparer et assaisonner le panier de la friteuse à air.

À l'aide d'un bol moyen, mélanger le blanc d'œuf, le sel et le poivre en continu jusqu'à consistance mousseuse. Assécher les ailes de poulet et les ajouter au mélange de blancs d'œufs. Bien enrober. Mariner jusqu'à 20 minutes.

Déplacez les ailes de poulet dans un grand bol et ajoutez la fécule de pomme de terre. Draguez soigneusement les ailes à travers la fécule de pomme de terre. Secouez les ailes et ajoutez-lesdans le panier de la friteuse à air. Vaporisez légèrement les ailes avec de l'huile.

Cuire avec 380 pendant 25 minutes, en secouant le panier Air-fryer toutes les 5 minutes. Cuire 5 minutes supplémentaires à 400 F, ou en continu jusqu'à ce que les ailes de poulet soient belles et dorées.

Sauté

Trancher les jalapeños en fines tranches et retirer les graines. Hacher les oignons verts. Ajouter dans un bol et réserver.

Chauffez le wok ou la poêle en continu jusqu'à ce qu'ils soient très chauds. Ajouter l'huile, les piments jalapeño, les oignons verts, le sel et le poivre et faire sauter jusqu'à une minute. Ajouter les ailes de poulet frites à l'air dans le wok ou la poêle et mélanger avec les jalapeños et les oignons verts pour bien les enrober. Faire sauter encore une minute.

Information nutritionnelle

Portion : 1/5 d'une recette.	Montant par Portion	% Du quotidien Évaluer
	Calories : 404	20%
	Calories provenant des lipides: 72	11%
	Matières grasses totales : 8 g	12%
	Gras saturés : 1g	5%
	Cholestérol : 195mg	65%
	Sodium : 945mg	39%
	Total Glucides : 3g	1%
	Fibre : 0g	0%
	Sucres roux : 0g	
	Protéines : 100 g	182%
	Vitamine A :	0%
	Vitamine C:	8%
	Calcium:	0%
	Le fer:	13%

Poulet facile du Général Tso   Portions : 3

Temps total approx. : 26 min

Ingrédients

- 3 c. huile de sésame
- 1/2 c. Gingembre
- 1 c. ail émincé
- 4 oz de bouillon de poulet
- 1 cuillère à soupe. sauce soja
- 1 cuillère à soupe. fécule de maïs
- 1/2 c. sauce sriracha et plus pour servir
- 1 cuillère à soupe. hoisin
- 2 poitrines de poulet désossées et sans peau - coupées en morceaux de 1 po
- 1 cuillère à soupe. sauce soja
- 1 cuillère à soupe. fécule de maïs
- 1 oignon vert moyen juste les verts pour la garniture graines de sésame pour la garniture

les directions

Pour faire la sauce

Mélanger l'huile de sésame, l'ail et le gingembre dans une petite casserole.

Cuire à feu doux pendant 1 minute.

Ajouter le bouillon de poulet, la sauce soja, la sriracha et la sauce hoisin et fouetter pour mélanger.

Ajouter la fécule de maïs et fouetter et poursuivre la cuisson à feu doux en continu jusqu'à ce que la sauce commence à épaissir.

Retirer du feu, couvrir et réserver.

Pour faire le poulet

Dans un bol moyen, mélanger le poulet, la sauce soya et la fécule de maïs. Remuer pour mélanger.

Ajouter le poulet dans le panier Air-fryer, vaporiser d'huile d'olive et cuire à 400 pendant 16 minutes.

Mélanger le poulet à mi-cuisson et vaporiser d'un peu plus d'huile d'olive.

Une fois le poulet cuit, placez-le dans un grand bol et mélangez avec la sauce.

Garnir de feuilles d'oignon vert et de graines de sésame.

Information nutritionnelle

Portion : 1/3 d'une recette.	Montant par Portion	% Du quotidien Évaluer
	Calories : 79	4%
	Calories provenant des lipides: 41	6%
	Matières grasses totales : 5 g	8%
	Gras saturés : 1g	5%
	Cholestérol : 0mg	0%
	Sodium : 505 mg	21%
	Total Glucides : 8g	3%
	Fibre : 0g	0%
	Sucres roux : 2g	
	Protéines : 2 g	4%
	Vitamine A :	0%
	Vitamine C:	0%
	Calcium:	0%
	Le fer:	0%

Friteuse à air Tater Tots Portions : 6

Temps total approx. : 20 minutes

Ingrédients

- 1 sachet tater tots ore-ida
- 3/4 tasse de fromage mozzarella kraft
- 4 onces liquides de ketchup heinz

les directions

Préchauffez la friteuse à air pendant 5 minutes.

Vaporisez le panier de la friteuse à air avec un spray antiadhésif et versez-y les tater tots congelés.

Si vous préparez 1/2 sac, réglez les minutes et retournez, attendez 5 minutes. Si vous préparez le sac entier pendant 5 minutes et retournez-le, attendez toutes les 5 minutes, donc 3 fois pendant le processus.

Ajoutez des minutes supplémentaires pour plus de croustillant. Si vous souhaitez ajouter du fromage, vaporisez-en sur le dessus et laissez reposer 2 minutes supplémentaires à 400 F.

Retirer, arroser de ketchup immédiatement pour des résultats plus croustillants.

Information nutritionnelle

Portion : 1/6 d'une recette.	Montant par Portion	% Du quotidien Évaluer
	Calories : 20	1%
	Calories provenant des graisses : 0	0%
	Matières grasses totales : 0 g	0%
	Lipides saturés : 0 g	0%
	Cholestérol : 0mg	0%
	Sodium : 253 mg	11%
	Total Glucides : 5g	2%
	Fibre : 0g	0%
	Sucres roux : 5g	
	Protéines : 0g	0%
	Vitamine A :	0%
	Vitamine C:	0%
	Calcium:	0%
	Le fer:	0%

Air Fryer Keto Côtes levées à la chinoise 2

Portions : 4

Temps total approx. : 50 minutes

Ingrédients

- 1 cuillère à soupe. huile de sésame
- 1 c. ail émincé
- 1 c. gingembre, haché
- 1 cuillère à soupe. pâte de haricots noirs fermentés
- 1 cuillère à soupe. du vin Shaoxing
- 1 cuillère à soupe. sauce soja
- 1 cuillère à soupe. nectar d'agave ou miel
- 1 livre de côtes levées, coupées en petits morceaux

les directions

Dans un grand bol à mélanger, mélanger tous les ingrédients de la marinade.

Ajouter les côtes levées et bien mélanger. Laissez les côtes mariner jusqu'à 30 minutes ou jusqu'à 4 heures.

Lorsque vous êtes prêt à faire cuire les côtes, retirez les côtes de la marinade et ajoutez-les dans le panier de la friteuse à air.

Réglez la friteuse à air à 375 pendant 8 minutes.

Assurez-vous que les côtes ont une température interne de 165F avant de servir.

Information nutritionnelle

Portion : 1/4 d'une recette.	Montant par Portion	% Du quotidien Évaluer
	Calories : 50	3%
	Calories provenant des lipides: 30	4%
	Matières grasses totales : 4 g	6%
	Gras saturés : 1g	5%
	Cholestérol : 0mg	0%
	Sodium : 137mg	6%
	Total Glucides : 5g	2%
	Fibre : 0g	0%
	Sucres roux : 5g	
	Protéine : 1 g	2%
	Vitamine A :	0%
	Vitamine C:	0%
	Calcium:	0%
	Le fer:	0%

Poulet au sésame Air Fryer   Portions : 5

Temps total approx.: 10M

Temps de cuisson : 25M

Rendement : 6

Temps total : 35 M

Ingrédients

6 cuisses de poulet désossées et sans peau
4 oz de fécule de maïs
spray d'huile d'olive
2 oz de sauce soja
2 cuillères à soupe de cassonade
2 cuillères à soupe de jus d'orange
5 c. sauces hoisin ou sauce sans gluten
1/2 c. Gingembre
1 gousse d'ail , écrasée
1 cuillère à soupe d'eau froide
1 cuillère à soupe de fécule de maïs
2 c. graines de sésame
riz cuit
haricots verts

les directions

Coupez le poulet en cubes, puis mélangez-le dans un bol avec de la fécule de maïs ou de la fécule de pomme de terre. Avec assez pour bien enrober le poulet.

Ajoutez la friteuse à air et faites cuire selon le manuel de la friteuse à air pour le poulet. Remarque - J'ai fait cuire le nôtre sur 390 pendant 24 minutes, 12 minutes de chaque côté.

Pour l'instant le poulet est en train de cuire, dans une petite casserole, commencer à faire la sauce.

Ajouter la sauce soya, la cassonade, le jus d'orange, la sauce hoisin, le gingembre et l'ail dans la casserole à feu moyen-vif. Fouettez bien pour mélanger.

Une fois que la cassonade est complètement dissoute et que le point d'ébullition est atteint, incorporer l'eau et la fécule de maïs en fouettant. La sauce ne prendra que 5 minutes pour cuire sur la cuisinière, puis 5 minutes supplémentaires pour épaissir.

Mélanger les graines de sésame.

Retirer du feu et laisser la sauce reposer pendant 5 minutes pour épaissir.

Une fois le poulet cuit, le retirer de la friteuse et l'enrober de sauce.

Servir garni de riz et de haricots.

Information nutritionnelle

Portion : 1/5 d'une recette.	Quantité par portion	% Du quotidien Évaluer
	Calories : 208	dix%
	Calories provenant des lipides: 82	12%
	Matières grasses totales : 9 g	14%
	Lipides saturés : 3 g	15%
	Cholestérol : 52mg	17%
	Sodium : 480mg	20%
	Total Glucides : 18g	6%
	Fibre : 0g	0%
	Sucres roux : 2g	
	Protéines : 2 g	4%
	Vitamine A :	2%
	Vitamine C:	0%
	Calcium:	1%
	Le fer:	3%

Poulet au miel et à l'ail Air Fryer

Portions : 5

Temps total approx.: 10M
Temps de cuisson : 25M
Rendement : 4
Temps total : 35 M

Ingrédients

6 cuisses de poulet désossées et sans peau
fécule de maïs ou fécule de pomme de terre
4 oz de miel
4 oz de sauce soja
2 cuillères à soupe de cassonade
2 cuillères à soupe de ketchup
1 gousse d'ail, écrasée
1/2 c. Gingembre
1 cuillère à soupe de fécule de maïs
riz cuit
haricots verts, cuits
oignons, tranchés

les directions

Coupez le poulet en cubes, puis mélangez-le dans un bol avec de la fécule de maïs ou de la fécule de pomme de terre. Avec assez pour bien enrober le poulet.

Ajoutez la friteuse à air et faites cuire selon le manuel de la friteuse à air pour le poulet. Remarque - J'ai fait cuire le nôtre sur 390 pendant 24 minutes, 12 minutes de chaque côté.

Pour le moment le poulet est en train de cuire, dans une petite casserole, mélanger le miel, la sauce soja, la cassonade, le ketchup, l'ail et le gingembre.

Porter à faible ébullition, puis incorporer la fécule de maïs en fouettant continuellement jusqu'à ce que la sauce épaississe. Notez que si ce n'est pas assez épais, ajoutez de la fécule de maïs supplémentaire en continu jusqu'à ce qu'il soit bien épaissi.

Une fois le poulet cuit, mélangez-le à la sauce et réchauffez-le. Cela peut être fait dans une petite poêle ou une casserole, enrober simplement le poulet avec la sauce. Ce sera une sauce à texture collante.

Servir le poulet sur le riz cuit avec des haricots verts.

Garnir d'oignon vert.

Information nutritionnelle

Portion : 1/5 d'une recette.	Quantité par portion	% Du quotidien Évaluer
	Calories : 264	13%
	Calories provenant des lipides: 82	12%
	Matières grasses totales : 9 g	14%
	Lipides saturés : 3 g	15%
	Cholestérol : 52mg	17%
	Sodium : 912 mg	38%
	Total Glucides : 32g	11%
	Fibre : 0g	0%
	Sucres roux : 29g	
	Protéines : 4 g	sept%
	Vitamine A :	sept%
	Vitamine C:	32%
	Calcium:	1%
	Le fer:	11%

Mesurer les équivalents

1 cuillère à soupe. à soupe. s. =	3 c. cuillère à café
1/16 tasse c =	1 cuillère à soupe.
1/8 tasse =	2 cuillères à soupe.
1/6 tasse =	2 cuillères à soupe. + 2 c.
2 onces liquides =	4 c.
3 onces liquides =	5 cuillères à soupe. + 1 c.
3/8 tasse =	6 cuillères à soupe.
4 onces liquides =	8 cuillères à soupe.
2/3 tasse =	10 cuillères à soupe. + 2 c.
3/4 tasse =	12 c.
8 onces liquides =	48 c.
8 onces liquides =	16 cuillères à soupe.
8 onces liquides fl oz =	8 onces liquides
1 pinte =	16 onces liquides
1 pinte pinte =	2 pintes
32 onces liquides =	1 litre
1 gallon gal =	4 pintes
16 onces oz =	500 g livre
1 millilitre ml =	1 centimètre cube cc
1 pouce en =	24 centimètres cm

Facteurs de conversion métrique

Multiplier	Par	Pour obtenir
Onces liquides	297	grammes
Onces sèches	285	grammes
Grammes	0,0353	onces
Grammes	0,0022	livres sterling
Kilogrammes	21	livres sterling
Livres sterling	453	grammes
Livres sterling	0536	kilogrammes
Pintes	046	litres
Quarts secs	67	Pouces cubes
Quarts de liquide	57	Pouces cubes
Litres	1,0567	pintes
Gallons	3 785	centimètres cubes
Gallons	385	litres

Printed in France by Amazon
Brétigny-sur-Orge, FR